行动学习实务操作（第3版）

马奎特 Michael Marquardt 作品

大师经典

领导力提升、团队建设和组织变革的有效策略

迈克尔·马奎特（Michael Marquardt） 香农·班克斯（Shannon Banks）
彼得·考威尔（Peter Cauwelier） 黄俊星（Choon Seng Ng）
著

郝君帅 王冰 曹慧青 译

OPTIMIZING THE POWER OF ACTION LEARNING
(3rd Edition)

Real-Time Strategies for Developing Leaders, Building Teams and Transforming Organizations

中国人民大学出版社
·北京·

对本书的赞誉

行动学习能产生非凡的效果。面对不断变化的世界，对于那些想要提升创造力和快速适应变化能力的组织来说，本书是一本必读书。

——Meliha Dzirlo Ayvaz

德勤风险和财务顾问部经理

要提升跨文化团队协作的效能和效率，行动学习是一种强大的工具。

——Mohammed Asad al-Emadi 博士

阿萨德控股卡塔尔公司董事长

行动学习已经成为我们文化的一部分，帮助我们在行动中取得更大的成功。

——何华

中粮人寿保险副总裁助理

本书非常实用，它从"如何做"的角度，为那些希望理解行动学习、应用行动学习的人提供帮助。

——Bea Carson

国际行动学习协会主席，大师级行动学习教练在本书中，作者分享了自己通过行动学习来培养领导者、改进组织的宝贵见解和策略。如果你想充分释放组织的创造力，那就赶紧阅读本书吧！

——Bill Thimmesch
政府行动学习实践社区创始人

行动学习是解决复杂组织中的复杂问题的好方法。对于任何组织中的领导者来说，它都是一个无价的工具。

——Tom Gronow
科罗拉多大学医院首席运营官

在这个数字化时代，对于那些既质疑提出强有力问题的价值，又渴望具备解决紧迫问题的能力的人，马奎特博士和他的同事所著的这本书正是他们的必读指南。这本书很及时！要学就学最好的。

——Sydney Savion 博士
新西兰航空公司学习部总经理

本书站在研究和实践的高点，通过学习与行动的系统化与同步化，为组织能力最大化指出了一条清晰的道路。

——Ron Sheffield 博士
OrgSciences 公司总裁兼常务董事

本书清晰地阐明，要提升自己在团队、领导力与创新方面提出好问题的能力，行动学习是一个很好的工具。

——Marilee Adams 博士
国际探询研究所有限公司创始人兼首席执行官

任何想要提升人员和组织效率的人都应该阅读本书。

——Doug Bryant

索尼克汽车公司人才管理、培训和招聘副总裁

行动学习是一个非常棒的展示学习价值的技术，其威力已经延伸到了整个学习行业，本书对于将学习作为组织绩效推动因素的人来说，是非常重要的资源。

——Dave Rude 博士

全球学习协会首席学习官

推荐序

今年，我听到企业家学员们说得最多的一个字就是"变"。唯变不变，是他们最切身的感受：中美贸易战影响着全球格局，新常态和数字化驱动着商业模式变革，新生代消费者和员工改写着企业组织形态……以变应变，是所有企业的必然选择。

因此我看到，越来越多的企业家主动求变，为自身和核心团队制订学习计划。他们也更为直接和迫切地表达了这样的诉求：通过学习切实提升组织能力，打造出高绩效团队。在此过程中，"行动学习"也从一个新鲜的概念，逐渐被企业熟知、接纳、推崇，悄然成为很多企业组织学习的"标配"。

行动学习引入中国已有十多年的时间，经过实践中的不断深入运用和迭代，它与中国企业的特性和实践结合得愈发紧密，可以说是当下企业以最小的成本，解决重要的、复杂的、没有固定答案的问题的有效工具之一。

近年来在对企业的深入调研中我发现，大多数企业存在不同程度的"同频"问题：一把手和高管、高管和中基层员工、各个部门对战略和业务的理解都有较大的差异，阻碍了业务推动。从领导力的角度，行动学习的价值在于创造了一种独特的压力情境，每个参与者都能在其中形成自我洞见、进行自我反思，继而达到自我改变。团队成员能够敞开心扉，发现思维偏差，达成共识，共同行动。

作为一个舶来品，行动学习在国内的成功落地，离不开推行者和企业界的共同探索。郝君帅老师是业内公认的行动学习专家，凭借扎实的学术研究和实战积累赢得了很高的赞誉。在翻译本书时，他用通俗的语言译成中文，将行动学习的核心要素、方法和全球知名企业的案例融会贯通，让读者易读、易学、易用。

伏尔泰曾说："对人来说，一无行动，也就等于他并不存在。"行动学习的最大魅力就在于"知行合一"。企业的行动学习不应只存在于一次次小组课题模式中，而是要转变为习惯，成为组织进化的源头活水。期待更多的企业管理者从行动学习中受益，引领企业驭变而行，基业长青。

张晓萌

长江商学院副院长

管理学 / 组织行为学副教授

领导力与激励研究中心主任

前言

最近，本书作者之一为来自政府部门的近50名培训总监举办了一次行动学习工作坊活动。在简短地介绍了行动学习并做了示范之后，这些总监被随机分成了8个小组，在接下来的几个小时里，他们开始解决小组成员提出的问题。每个小组都有一位志愿者担任行动学习教练。在活动结束时，这位作者询问每一位问题提出者是否得到了帮助，每一个人都非常热烈地回应说"是的"。接着，该作者请担任行动学习教练角色的志愿者总结各小组是如何研讨问题的，每一位教练都认为自己所在的小组做得非常出色，他们分享了很多宝贵的学习成果。最后，一位培训总监问道："行动学习总是这么完美吗？"这位作者对他的回答，也是对本书所有读者的回答是："是的，就是这样！"

在过去的25年中，我们实施过上千个行动学习项目，根据从这些项目中收集到的经验，我们可以越来越有信心地说，行动学习具备持续取得成功的威力。如果具备了本书中所描述的行动学习的关键要素，并且在操作过程中有效运用这些要素，行动学习在以下几个方面的威力令人震惊：

- 用真正具有突破性，并且可持续的策略高效地解决问题和挑战。
- 开发每一位管理者必备的领导力技能和品质。
- 开发能够持续地提升执行能力和适应能力的高效团队。
- 开发教练能力与学习能力。

- 帮助组织转型成为学习型组织。

20世纪40年代，雷吉·雷文斯（Reg Revans）在威尔士和英格兰的煤矿项目中提出了"行动学习"这一概念，但在最近10年，它才开始真正席卷全球，开始作为解决关键问题和开发领导力的方法，应用于像波音、索尼、松下、德意志银行、丰田、三星、微软等全球100强企业，像赫尔辛基市政府、马来西亚教育部、乔治·华盛顿大学和美国农业部等公共机构，以及遍布世界各地的成千上万的中小企业之中。

在本书中，你会看到行动学习是如何帮助这些组织蓬勃发展的，同时也会与我们一起探索如何将行动学习的威力发挥到极致。

行动学习取得成功的必备条件

行动学习项目非常简单，就是一组人共同解决真实的问题，并在解决问题的过程中学习。然而，要提高行动学习成功的可能性，仍需要一些基本要素和准则，这些要素和准则就是本书的主要内容。行动学习的要素包括：一个重要且紧迫的问题、由4~8人组成的多样化小组、反思性探询流程、实施行动、对学习的投入和行动学习教练的存在。需要执行的准则包括：只有在回答提问时才进行陈述；当看到提高小组绩效和学习的机会时，行动学习教练有权介入。

行动学习的效果之所以这么好，是因为它将管理学、心理学、教育学、神经科学、政治学、经济学、社会学和系统工程等领域的原则和最佳实践进行了彻底无缝的融合。行动学习之所以具有这么大的威力，是因为它将所有小组成员的最佳思维激发出来并进行了整合，又反过来提升了他们的能力。

本书目的

近二十年来，我们有机会与世界各地数以千计的行动学习小组一起开展工作，有机会与世界顶级的行动学习实践者交流想法和最佳实践。本书的目的是分享我们的经验和收获、我们引以为豪的地方以及面临的挑战。尽管行动学习的流程相对简单，它的精髓甚至用一张卡片就可以写得下，但正如我们所发现的，其实它有一系列关键的原则和做法，这些原则和做法促使行动学习从优秀走向卓越，从一个可靠的组织内部的工具，演化成改造个人、团队、组织甚至整个社会的令人叹为观止的方法。

本书描述了行动学习的各个要素，解释了为什么这些要素是行动学习取得成功的必要条件。通过大量的故事和实证案例的描述，本书清楚地阐明了有多少组织实施了行动学习，并通过行动学习得以蓬勃发展。除此之外，本书还展示了每个组织是如何同步且有效地实现行动学习的五大主要收益的，即解决问题、开发领导力、建设团队、创建学习型组织和提升教练能力。

本书介绍了行动的基本要素和准则，以及行动学习领域中先进和前沿的理念，包括如何理解行动学习教练的角色定位，如何在有序和混乱之间寻找平衡以确保创造力的最大化，以及如何在组织中循序渐进地导入和推广行动学习的步骤。

本书概览

第一章是行动学习概述，包括行动学习的六个基本要素和两个关键准则。本章总结了组织在当今社会中所面临的五大挑战，以及行动学习是如何帮助组织有效地应对这些挑战的。第一章还强调了行动学习对于组织、团队和个人做出的重大贡献。

第二至七章详细探讨了成功开展行动学习项目的六个关键要素。第二章明确了行动学习中"问题"这个要素的标准，介绍了如何更好地描述和检视问题，以及单问题式小组与多问题式小组之间的差异。第三章是对"小组"这个要素的探讨，包括小组成员的多样性、理想的规模、持续性、角色定位和性格特点等。第四章介绍了反思性探询流程，讨论了提问的重要性以及"只在回答提问时才进行陈述"这条小组准则。第五章的内容是解决问题、确定目标和提出策略。第六章检视了个人、团队和组织在行动学习过程中的收获。第七章描述了行动学习教练的角色、职责、权威性和如何提问。

第八章介绍了在组织和团体中导入行动学习的详细步骤。我们提供了引入、实施和推广行动学习的指南，以及应用这些步骤的具体策略。本章还增加了两个案例的深入解读。

来自世界各地的行动学习小组将行动学习引入他们所在的组织，本书中介绍了大量这样的实际案例，也探讨了这些行动学习小组面临的挑战及其取得成功的经验。最后，每一章的末尾都有一个详细的检查表，指导读者理解和实施行动学习。

第 3 版新增内容

第 2 版问世七年以来，行动学习在许多国家和上千家新增组织中广泛开展，因此，我们增加了来自印度、菲律宾、巴西、法国、科威特、乌克兰、泰国、乌干达、柬埔寨等国家的案例。行动学习在社区机构中的应用也更广泛了，因此，我们也将这类案例增补进来，例如，来自伦敦的公益商业实践团队（C&C）的案例和来自联合国肯尼亚环境规划署的案例。

在过去的七年间，本书作者一直在持续进行行动学习的威力与流程的实践与改进工作，领导力开发与行动学习得以进一步融合。这一版也会分享我们在组织中引入、实施和推广行动学习的新经验（见第八章）。

有价值的提问对于领导力开发和解决问题来说非常重要。在这一版中，我们新增了更多关于提问的策略和原则，以帮助团队和领导者在提问时更加如鱼得水。

最后，社会科学和自然科学的进一步发展，让我们能够更好地理解和解释为什么行动学习的效果如此之好，这个方法为什么如此有力。我们将这些新的研究成果也增补进来，重点介绍了神经科学理论是如何促进行动学习改进的。

行动学习：21世纪的有力工具

对于身处21世纪的个人、团队和组织来说，行动学习是一个令人兴奋并且非常棒的工具。在生活和组织中，越来越多的人体验到了行动学习的威力，并且从中获益。我们希望有更多的人能够加入行动学习美妙神奇的冒险之旅。如果你应用了本书中提供的原则和做法，你也会取得行动学习的成功，体会到它的真正威力。祝你好运！

目录

第一部分
行动学习威力的产生

第一章　行动学习概述 / 003

什么是行动学习 / 004

单问题式与多问题式行动学习小组 / 007

平衡行动学习中的混沌和秩序 / 009

赋予行动学习力量的基本准则 / 011

行动学习为什么如此有效 / 014

神经科学与行动学习 / 016

行动学习的阶段和程序概述 / 018

组织面临的五大挑战 / 019

行动学习对组织挑战的有力回应 / 022

突破性地解决问题 / 022

开发领导力 / 023

建设高绩效团队 / 025

创建学习型组织 / 026

提升教练能力 / 028

行动学习与其他问题解决方法的区别 / 030

行动学习的显著成就 / 032

第二部分
行动学习六要素的应用

第二章 问 题 / 035

选择问题的标准 / 036

组织所面临问题的类型 / 040

行动学习与复杂性问题 / 041

技术性问题与适应性问题 / 042

行动学习问题示例 / 043

处理一个问题还是多个问题 / 044

单问题式行动学习 / 045

多问题式行动学习 / 047

谁来描述问题 / 051

如何向行动学习小组描述问题 / 053

所描述的问题可能不是关键问题 / 055

问题描述中的偏见 / 056

问题是成功和成长的机会 / 057

第三章 小 组 / 058

小组成员的选择 / 058

行动学习小组的规模 / 061

小组的期望和责任 / 062

多样化的重要性 / 064

行动学习小组成员的角色 / 065

小组的完整性和外部资源的使用 / 072

行动学习对各种性格的参与者都有

 吸引力 / 074

使用专家的注意事项 / 075

跨文化的行动学习 / 076

虚拟行动学习小组 / 077

协作性工作小组更为成功 / 079

高效行动学习小组的特征 / 080

谷歌在建设高绩效团队方面的发现 / 087

关注小组利益而非个人荣誉 / 088

第四章　提问与反思 / 090

行动学习的焦点是提问 / 090

提问的威力 / 092

提问的四大益处 / 094

行动学习的第一条基本准则 / 101

提问可以识别和整合知识 / 103

提问中的学习者心态与评判者心态 / 104

重构提问 / 106

开放式提问和封闭式提问 / 107

什么是好的提问 / 108

谁来提问 / 110

反思与反思性探询 / 111

对话与反思性探询 / 113

行动学习中的对话和创新思维 / 115

提出好问题的艺术 / 119

第五章　采取行动 / 121

解决问题的方法 / 122

解决问题中的系统思考 / 123

建立解决问题的时间框架 / 125

行动学习解决问题的阶段 / 128

第一阶段：重构问题 / 129

第二阶段：确定目标 / 132

第三阶段：提出策略 / 135

第四阶段：采取行动并从行动中学习 / 140

解决问题过程中的提问 / 143

第六章　个人、团队和组织学习 / 147

学习的责任和益处 / 148

创造和捕获学习 / 149

行动学习如何产生持续的反思和学习 / 151

行动学习创造的知识类型 / 153

隐性知识与显性知识 / 154

程式化知识和小组创造的知识 / 154

行动学习开发的能力 / 155

领导力开发与行动学习 / 156

开发 21 世纪所需的关键领导技能 / 158

行动学习与其他领导力开发项目 / 159

行动学习中的个人与专业开发 / 162

行动学习中的团队学习与发展 / 165
组织学习与行动学习 / 167
行动学习与成人学习原则的结合 / 171
行动学习与五大学习流派的结合 / 173
行动学习体验的强度和威力 / 176
学习在行动学习中的威力 / 177

第七章　行动学习教练 / 179

为什么要指定一个人来关注学习 / 180
熟练的行动学习教练的好处 / 181
为行动学习小组提供教练 / 182
教练介入的力量 / 183
如何介绍行动学习及教练的作用 / 184
建立小组的学习氛围 / 185
提问：教练的工作方法 / 186
行动学习会议的协调和管理 / 187
行动学习教练的介入与提问 / 189
会议初始阶段的介入与提问 / 189
会议进行过程中的介入与提问 / 190
会议结束阶段的介入与提问 / 194
后续会议开始时的介入与提问 / 196
最后一次会议结尾时的介入与提问 / 196
行动学习教练追踪性提问的影响 / 197
行动学习教练提问的艺术和技能 / 200
行动学习教练提问的威力 / 201

教练过程如何加速学习 / 202

教练与引导 / 203

有效的行动学习教练该做什么、不该
　　做什么 / 204

为什么行动学习教练不应卷入解决问题 / 205

为小组成员赋能 / 207

行动学习教练的价值观 / 208

如何处理组织、团队及个人的失当行为 / 208

行动学习教练的其他角色 / 211

行动学习教练须具备的技能和价值观 / 213

行动学习教练的强大影响 / 216

第三部分
释放行动学习的威力

第八章　引进、实施和持续运用
　　　　　行动学习 / 221

行动学习的引进 / 221

行动学习的实施 / 244

行动学习的持续运用 / 257

案例分析 / 268

释放威力 / 278

01

第一部分

行动学习威力的产生

第一章

行动学习概述

行动学习是帮助组织解决重要且复杂的问题的工具，近年来在世界各地迅速崛起。目前，行动学习已经成为世界各地许多公司进行领导力开发、团队建设和组织能力提升的主要方法。行动学习还可以帮助企业开发新产品和服务、节约成本、缩短生产与交货时间、扩大客户群、提升服务质量、变革组织文化等。美国培训与发展协会（American Society for Training and Development）最近的调查显示，美国 2/3 的高层领导力开发项目采用了行动学习。2009 年一项由公司执行委员会（The Corporate Executive Board）所做的研究表明，77% 的学习型高管认为，行动学习是发展后备领导力量的首要驱动力。《商业周刊》认为行动学习是"领导力开发的最新和增长最迅速的组织工具"（Byrnes，2005）。

自从雷吉·雷文斯（Reg Revans）于 20 世纪 40 年代提出行动学习以来，行动学习在概念上几经变化，但无论哪一个行动学习流派，都认同以下元素：真实的员工在实际中解决真实的问题，采取行动，并且在这个过程中进行学习。行动学习最吸引人的地方在于它所具有独特威力，即以最小的成本，在解决复杂挑战的同时发展组织和个人的能力。环境的快速变化和变幻莫测的全球性挑战，要求组织与个人必须同时进行学习和行动。

> **波音公司用行动学习开发全球领导力**
>
> 波音公司是世界领先的航空航天业公司，引领着导弹防御、人类太空飞行和发射服务的全球市场，客户遍及全球145个国家，员工来自60多个国家，在26个国家设立了运营机构。波音公司采用行动学习作为其全球领导力项目的方法论，该方法在解决公司面临的很多关键问题的同时，帮助公司构建了关键的全球竞争力。对这个项目的一项综合评估结果显示，行动学习在帮助高级管理人员建立学习论坛、应对与公司所处的国际大环境相关的真实问题和挑战方面，成效显著。

什么是行动学习

简单来说，行动学习是一个强有力的工具，在解决问题的同时还能够成功地发展领导者、团队和组织的能力；它是一个过程，小组解决真实的问题、采取行动，并且从个人、团队和组织三个层面进行学习。如图1-1所示，行动学习有六个要素，这里我们简要介绍，随后的章节会详细论述。

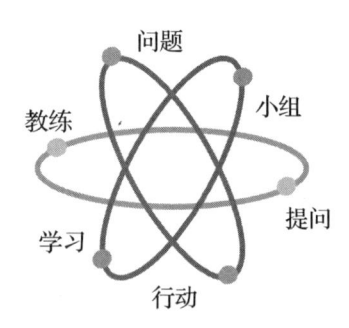

图1-1 行动学习六要素

- **问题**。行动学习以问题、项目、挑战、机遇、任务为中心，其解决方案对于个人、团队或组织来说非常重要。这些问题应该是重大且紧迫的，并且小组对于解决这些问题负有责任。同时，问题应该能为小组成员提供学习和获取知识的机会，以及开发个人、团队及组织能力的机会。小组可以只解决一个单一的组织问题，也可以解决由成员提出的多个问题。

- **行动学习小组或团队**。行动学习的核心实体是行动学习小组。理想情况下，小组应该由4~8人组成，他们共同努力来解决没有现成答案的问题。小组成员的背景和经验应该尽可能多样化，以从不同的角度来思考问题，鼓励和激发新的观点。根据所要解决的问题，小组成员可以是：

  - 自愿参加的或被指派参加的；
  - 来自不同的职能或业务部门；
  - 来自其他组织或行业；
  - 供应商以及客户。

- **洞见性提问和反思性探询的工作过程**。行动学习强调对于陈述和观点的提问与反思。行动学习强调：正确的提问比正确的答案更为重要。通过提问，行动学习小组能够意识到自己知道什么，以及不知道什么。提问能够提升团队的凝聚力，激发创造力和系统思维，强化学习效果。领导技能通过提问和反思得到开发和应用。洞见性提问能够让团队在直接跳到解决方案之前首先清楚地理解问题的本质。行动学习小组明白，好的提问可能孕育着伟大的解决方案。

- **针对问题采取的行动**。行动学习需要小组切切实实地就所要解决的问题采取行动。行动学习小组成员必须有权自己采取行动，或者确保他们的建议得到实施（除非环境发生显著变化，或者小组缺乏必要信息）。如果只是提供建议，小组就会失去能量、创造力和投入度。除非采取了行动并且进行了反思，否则就不可能有真正的意义或实际性的学习，因为在想法或计划实施之前，没有人能确定它们是否有效。行动强化了学习，因为行动为反思的边界提供了基础和参照。行动学习中的行动，开始于问题的重构和目标的确定，之后才是提出策略和采取行动。

● **对学习的投入**。除非小组进行了学习，否则就不可能创造性地解决复杂的问题。尽管解决问题可以给组织带来即时的、短期的利益，但是每个小组成员及整个小组所获得的长期学习成果，以及这些学习成果在整个组织内的系统应用，对于组织的利益才更大、更长久、更全面。因此，比起解决当前问题所获得的战术优势来说，行动学习中的学习收获对于组织来说具有更大的战略价值。相应地，行动学习将个人与团队的学习和发展看得与解决问题同等重要，因为团队越聪明，做出决策和采取行动的速度就越快，能力就越强。

● **行动学习教练**。教练对于帮助小组关注重要（比如，学习）和紧迫（比如，解决问题）的事情来说，是必需的。行动学习教练帮助小组成员在两个方面进行反思：他们正在学习什么，以及他们是如何解决问题的。通过选择性介入和洞见性提问，教练帮助小组提升业绩，开发领导能力。教练帮助小组反思：他们是如何倾听的、如何重构问题的、如何相互反馈的、如何制订计划和开展工作的，以及他们的信念和行动是被哪些假设所塑造的。行动学习教练也会帮助小组关注他们取得了什么成果、遇到了什么困难、正在运用的流程是什么，以及这些流程的影响如何。

当所有六个要素齐备，即既有学习又有行动时，行动学习的威力就会达到顶峰。遗憾的是，多数所谓的行动学习只有行动（Carson, 2018；Cho & Egan, 2010；Raelin, 2008）。尽管这些所谓的行动学习小组存在真实的问题，但却没有确保把时间和精力用于学习的系统或结构，因此几乎没有学习的发生。在某种程度上，那些虽然采用了行动学习的方式，却并没有将六个要素充分利用起来的组织，不仅在制定策略性行动方面，而且在个人、团队和组织的发展方面，都错失了行动学习的很多潜在收益。忽视或省略行动学习六个要素中的任何一个，要么学习不会发生，要么行动无法产生。

> **壳牌石油通过行动学习开发领导力**
>
> 壳牌石油采用行动学习项目提升领导者在三个特定技能领域的能力和思维方式：
> - 业务导向的思维方式，管理和实施变革的能力；
> - 团队技能，包括如何建立和管理高效团队；
> - 在金融、市场营销和运营领域的分析能力和综合能力。

单问题式与多问题式行动学习小组

行动学习小组可能解决一个问题，也可能解决多个问题。表1–1是单问题式（也称公司内部行动学习）和多问题式（通常称为开放小组或古典行动学习）小组的区别。组织可以只采用一种形式，也可以同时采用两种形式。在组织中，单问题式的行动学习更为常见；当小组成员来自不同的背景，并且自愿聚集到一起互相帮助时，常采用多问题式的形式。

表 1-1 行动学习小组的两种类型

单问题式小组	多问题式小组
致力于解决单一的问题	致力于解决多个问题
问题由组织决定	小组成员自己选择问题
组织承诺要采取行动	个人承诺要采取行动
组员由组织来决定	组员自我选择
组员保持不变，直至策略制定和（或）实施	组员离开时会被替换
使用反思性探询流程	使用反思性探询流程
既关注行动也关注学习	既关注行动也关注学习
小组提出建议，或者实施	个人实施行动
教练是固定的，并且最好通过资格认证	教练通常由组员轮流担任

在单问题式小组中，所有的小组成员集中解决一个问题。在该类型的行动学习中，小组成员和问题都是由组织决定的，小组最主要的目的是解决组织提出来的问题。当问题解决之后，小组可能会解散，也可能会持续一段时间，以解决组织交付给他们的系列挑战。组织依据问题类型和项目目的决定小组成员。比如，如果组织希望在某些业务单元之间建立连接，那么小组成员就会来自这些业务单元；如果目标是高潜力领导者的开发，那些高潜力人才就会被纳入行动学习项目；如果更加关注问题的解决，则可能会根据兴趣、经验或知识技能来选择小组成员。在一些公司内部的行动学习项目中，个人可以自愿参加，但组织保留对最终小组名单的审批权（同意或不同意）。在向最高管理层提出建议之前，小组成员保持不变，不能随便退出。通常情况下，小组提出行动建议并负责实施。在单问题式小组中，教练通常是固定的，接受过专门训练，最好要通过相关的资格认证。

在多问题式小组中，每位小组成员将自己的问题、任务或项目带给小组，在小组其他成员的帮助下解决。成员自愿加入小组，帮助和支持其他人解决他们带来的问题。在行动学习会议上，每个成员会被分配到一些时间来解决自己的问题。因此，一个6人小组在3小时的会议中，每人大概会分配到30分钟的时间。在多问题式行动学习项目中，小组成员持续的时间通常较长，可能会在几个月或几年内每月会面。这类行动学习项目通常是自愿的，并且资金有限。因此，小组成员经常利用私人时间来开会，并且轮流担任教练。在整个过程中，当现有成员离开时，新成员会加入进来。成员通常来自不同的组织，或者是独立顾问和不坐班的人。

平衡行动学习中的混沌和秩序

要充分发挥行动学习的威力，就需要平衡混沌与秩序。小组成员必须控制行动学习的灵活性和混沌性（例如，成员的多样化、挑战的复杂性、提问的创新性、对问题和背景了解的缺乏等因素），还需要控制行动学习的实践性、时间的紧迫性以及秩序（例如，真实的问题、责权、仔细倾听、测试和采取行动等要素）。行动学习的流程比较宽泛，在保持尽可能少但却非常关键、能产生合理且实际可行的结果的指导、准则和小组基本规则的同时，鼓励尽可能地创新。

组织理论家发现了被称为"混沌的边缘"或"介于秩序和混沌之间的一种自然状态，在结构和惊喜之间的一个重要折中"的重要性（Collier & Esteban，1999）。在这个地带，存在巨大的创造力和可能性，可以产生最好的学习；在这个地带，团队和组织对复杂环境可以做出最佳响应，具有可以充分获得成功的结构。富尔默（Fulmer，2000）认为，一个团队要想取得成功，就要在稳定和变化之间恰到好处地漫步，在混沌的边缘保持平衡。

成功的行动学习小组能够将有限的结构（与责任和优先顺序相关）与充分的沟通（积极倾听、提问、考虑所有观点等）和设计的自由进行融合。有限的结构帮助小组成员明白错综复杂的问题本身，以及如何在复杂环境中运作。清晰的自治、沟通和职责，则能推动小组前行，并且实施恰当的方案。待在混沌的边缘，小组需要最简单的规则和最少的准则或指示，规则要既简单又适用（Olson & Eoyang，2001）。

行动学习试图避免过多的结构。结构可能会导致死板、约束和对所需信息的抑制，可能会限制创造性和团队的适应能力。结构太少则会导致混乱、缺乏重点和支离破碎，小组很容易被具有破坏性的输入侵蚀，致使小组和项目变得过于复杂，无法有效协调。

在行动学习小组的第一次会议上，要建立规范和团队的基本规则，明确职责和优先事项。行动学习的结构和稳定性来自行动学习项目六要素和团队基本准则。这种结构性与小组的自由与灵活性、对新颖提问的鼓励、对熟悉或不熟悉问题或背景的组员的使用相平衡。正如狄克逊（Dixon）所说，就结构和一些确定的、明确的规则预先达成一致，会为以后具备更大的灵活性打下基础。

在喜力公司的行动学习中应用创造性想法和人员

杰勒德·范斯奇克（Gerard van Schaik），执行委员会前主席

企业真正的进步只有一个途径，那就是组织和个人不断尝试创新性的想法，并且把它们变成现实，要通过人才库和干中学来达成这一点。

行动学习已经变成了我们实现这一目标的车轮。

赋予行动学习力量的基本准则

需要在混沌和秩序之间进行平衡，这解释了为什么具有很大灵活性且寻求创新的行动学习也需要清晰性和稳定性。行动学习的威力建立在反思性探寻和持续学习这两个关键行为之上，建立以下两条基本准则对于成功来说非常关键，因为这两条准则可以确保行动学习的基本信条落地。

基本准则1：只在回答提问时才进行陈述

提问对行动学习小组非常有益，能够：
- 提升团队凝聚力；
- 发起对话；
- 产生创造性；
- 开发领导能力和鼓励系统性思考。

所以，提问可以快速帮助小组从最初的提出建议的冲动，过渡到更具有威力的反思性探寻。因此，第一条基本准则是："只在回答提问时才进行陈述。"

这一基本准则并不是禁止使用陈述的方式，事实上，在行动学习会议中，陈述要比提问多，因为每一个提出的问题，都可能会从小组其他成员那里获得一个或更多的回应，针对每个问题至少有5～10个陈述。然而，要求人们从"首先要提问"的角度去思考，可以转换小组的动态，使得陈述和判断的本能冲动让位于倾听和反思。

一旦小组拿到问题或任务，小组成员在直接跳到如何解决问题之前，首先要通过提问来澄清问题。在行动学习中，我们发现，提问的数量和质量与最终行动的质量和学习成果之间存在直接的相关性。平衡提问和陈述的数量会引起对话，这是主张和探寻之间的适当平衡。

提问不会降低解决问题的速度，反而能产生更快和更有价值的想法，这些想法能够被组员所理解，并努力去实现。

基本准则2：当看到提高小组绩效和学习的机会时，行动学习教练有权介入

行动学习教练将所有的精力和注意力都放在了整个小组及个人的学习之上，以此提高小组行动的质量和速度。教练不卷入问题解决当中，而是要寻找机会来强化学习，帮助小组提升解决问题和提出创新性行动策略的能力。大家都知道一个道理，即"紧急性会掩盖重要性"，我们不要因为行动的紧迫性而忽略了学习的重要性。

经验和研究清楚地表明，如果没有让那些关注学习的人感受到力量，问题的紧迫性总是会让小组败下阵来，并忽视那些关注学习重要性的人。为了确保小组学习的最大化，行动学习教练被赋予这样的权力：当看见小组存在学习机会时要介入，这样就可以让现状得以改善，并且能够帮助个人及小组提升能力，以便更好地解决问题及提出突破性策略和行动。

这一基本准则表明，当行动学习教练决定介入时，小组要暂时停下对问题的研讨，倾听行动学习教练的提问（只提问），并对这些提问进行回应，只有学习教练的提问完成后，小组才能继续回到问题的解决上来。

行动学习教练在介入时机的选择和时间运用上要保持谨慎性和节约性。教练应该承认这样一个事实，教练在介入时，小组成员的潜意识还会保持在问题的解决之上，当重新回到问题解决上时，组员会重新焕发活力，比介入前更富有创造力。

行动学习教练还要控制会议的结束时间，要让小组提前知道解

决问题和制订行动计划的过程会在什么时间结束。然后，教练用最后10分钟来总结本次会议的学习成果，以及这些学习成果如何应用到个人、团队和组织之中。

一旦小组参与到了行动学习中，小组成员就会真正开始欣赏这两个基本准则，并很快认识到它们带给小组的巨大好处。这些准则确保了学习和提问这两个要素的发生，能够助力团队成功解决紧迫的问题。总之，这两个准则极大地强化和扩大了行动学习的威力。

行动学习是如何帮助 C&C 进行变革的

索菲·布莱恩（Sophie Bryan），工作场所文化总监

C&C 是一个社会住房慈善机构，为居住在伦敦及周边地区55岁以上的老人提供住房和养老院。在过去的一年中，行动学习不仅帮助 C&C 完成了企业文化的变革，而且帮助它突破性地解决了一系列的挑战，包括：

- 找到了员工如何才能具备更加快捷、范围更大的影响力的解决方案；
- 提升了降低支出的内在技能和能力；
- 制定了全面的合规政策；
- 提出了一个组织学习和发展计划；
- 建立了解决组织当前所面临的问题的强大团队；
- 提高了组织的领导力水平。

自从实施行动学习以来，C&C 找到了一种基于技能的积极反馈方法。此外，公司在领导技能、考虑与问题相关的所有员工及管理者的想法、在组织内建立学习文化等方面均得到了提升。组织利用行动学习，实现了前所未有的协作、创新和发展。这为个人、团队和整个 C&C 带来了显著的成果。

行动学习为什么如此有效

行动学习在解决复杂问题和改变个人、团队和组织方面有着惊人的威力。是什么让它具有这种神奇的能力呢？行动学习为什么如此有效呢？简单地说，是因为它能够广泛地整合组织的、心理的、社会的、教育的和政治的各种理论，这些理论形成了它的基础，这些理论的协同作用是任何其他方法所不具备的。行动学习整合了以下学科的最佳实践和原则，作为自身的基础，因而效果显著。

● **管理学**。行动学习结合了一些理论学家和世界知名作家如柯林斯（Collins，2011）、德鲁克（Drucker，2006）、彼得斯（Peters，2010）、戈尔曼（Goleman，2006）和萨什金（Sashkin，2003）提出的领导力原则和理论，它整合了组织变革理论、复杂适应系统理论，以及麦格雷戈（McGregor）、马斯洛（Maslow）和麦克莱兰（McClelland）的主要管理原理。明茨伯格（Mintzberg，2011）指出，领导力开发的最好办法是对自己的而非其他人的（如案例研究）经验进行反思。

● **教育学**。行动学习使用了成人学习的五个流派的理论、原则和实践案例，这五个流派分别是行为学习、认知学习、人本主义学习、社会学习和建构主义学习（Waddill & Marquardt，2004）。与大多数建立在某一种学习流派基础之上的方法不同，行动学习在这些流派之间搭起了桥梁，是在所有流派的精华思想和实践经验之上建构出来的。

● **心理学**。行动学习使用了个人、团队和社会心理学的重要概念，包括荣格（Jung）、斯金纳（Skinner）、罗杰斯（Rogers）、奥尔波特（Allport）的经典理论，以及工业或组织心理学领域的最新研究成果。

- **团队动力学**。行动学习整合了团队互动、沟通、凝聚、冲突管理、决策制定、策略提出和行动实施领域的最好、最适合的原则（Sundstrom et al., 1999; Levi, 2016）。
- **社会学**。行动学习利用了由主要社会学领域的带头人，如米德（Mead）、涂尔干（Durkheim）、韦克（Weick）、韦伯（Weber）和帕森斯（Parsons）所提出的社会学领域内的原则。此外，从组织层级的多样性、年龄、性别、教育和经验方面获得的好处，也让小组的行动学习变得强大起来。
- **开放系统与工程（混沌理论）**。行动学习规避了牛顿物理学的局限性，利用了开放系统与工程的混沌理论。行动学习小组通过提问流程、复杂环境中的决策制定以及成员的多样性，深入且自然地进行系统思考。
- **政治学**。行动学习利用和平衡了权力政治，并在小组中进行分配，确保所有人都有机会参与和引导（Shively, 2009）。例如，行动学习的关键力量不一定是层级最高或知识最丰富的那个人，而是提出最好问题的那个人（这个提问可能是由一个行政助理提出来的，也可能是由首席执行官提出来的）。
- **欣赏式探询**。行动学习搜寻每一种情形的最好和最积极的元素，并以这些元素为基础。小组首先要探讨哪些方面进展顺利、哪些有效、哪些可以做得更好、小组想要获得什么，而不是错在哪里。小组会从描述问题快速转变到重构问题，再到想要取得什么样的成果（Cooperrider & Trosten-Bloom, 2010）。
- **伦理学**。在行动学习中，那些通常不会摆在桌面上，但却影响小组达成最佳绩效的问题，通过行动学习教练的提问摆上了桌面。通过对话的方式，把隐藏的议题打开，比通过辩论和争权夺利把这些议题进行巩固和强化要好得多。在行动学习过程之中，尊重和公平是根深蒂固的（Dean，1998）。

- **生物学和生命科学**。当一个有机体的生存环境变得复杂和不可预测时，该有机体必须发展自身的适应能力和应变能力。有机体自身的能力和环境的交互是生物进化的唯一路径。不以现有的能力为基础，就不可能产生变化。生物体就像行动学习小组一样，必须有能力创造自己的突破口，所有的机能必须被调动起来去采取行动，正如行动学习要将其学习成果转化到组织中一样（McLagan，2003）。
- **人类学**。行动学习被广泛采用，并且在世界各地不同的文化中同样有效，因为它建立在个人和团队价值观的普遍性之上（尊重、反思、满意的动机），同时又对每一种文化具有敏感性（Geertz，1993；Hofstede, Hofstede & Minkov, 2010；Marquardt, 2004；Trompenaars, 1994）。

正是行动学习所具有的显著能力，使得它能够在问题解决、团队建设、组织学习、领导力开发和职业发展等方面发挥威力。我已经找到了我用毕生的职业生涯一直在寻找的答案！

——威廉·陶（William Teo），马来西亚某公司常务董事

神经科学与行动学习

在过去的20年里，关于对人类和群体行为的理解，可能没有任何一门学科比神经科学影响更大。当我们能够更好地理解大脑以及大脑是如何影响行为时，我们就能更好地理解为什么行动学习会如此有

效了。

神经领导力研究所（Neuro Leadership Institute）的戴维·罗克（David Rock，2012）指出，最近关于大脑工作原理的研究表明，大脑对社会威胁和社会疼痛的反应与对身体威胁和疼痛的反应是相同的。在受到社会威胁时，个体的主要威胁反应（或者叫战斗或逃跑本能）会被激活。根据布兰（Brann，2013）的观点，当主要威胁反应被激活时，会发生以下几种情况：

- 应激激素皮质醇释放；
- 心跳加快，血压升高；
- 消耗更多的氧气和葡萄糖；
- 触发战斗或逃跑反应的大脑边缘系统处于支配地位，并且抑制前额叶皮层更好地工作；
- 工作记忆容量降低；
- 创造力、分析思维、问题解决能力、学习和记忆能力都受到损害；
- 个人效率、效能和生产力降低。

罗克将激活个人威胁反应的主要社会触发因素进行了分类，并建立了一个名为"SCARE"的模型，该模型由五个领域组成：身份、确定性、自主性、关联性和公平性。

当我们使用行动学习时，这些因素都会发挥作用。例如，行动学习通过鼓励问题描述者成为小组中的平等成员来消除身份威胁。一旦问题被描述出来，任何人都可以向其他人提出问题，团队对于解决方案共同负责。即使是问题描述的方式，也有助于减少身份威胁，因为行动学习要求问题描述者非常简洁地呈现他面临的挑战，以减少偏见和假设。行动学习小组随后通过提问来获取所需要的信息。这种对于身份威胁的降低，停止了战斗或逃跑的本能反应，确保了人们的效率和有效性。

同样，行动学习也降低了对于关联性威胁的反应。为了尽其所能、最具创造性和最有效地工作，人们需要处在罗克所说的"前进状态"之中，而不是被恐惧或威胁所阻碍。对与你共事的人有正向的感觉非常关键，感觉到连接，或者是社会联系和包容，是人类的核心价值观。当领导者像在行动学习中一样提出好的问题时，它会唤醒听众的前额皮质——大脑中负责处理决策和记忆的理性部分。发问者和回答者之间就建立了连接。提问者通过提问的方式暗示："我关心你的意见，我需要你的观点，我重视你的见解。"因此，提问增强了小组成员之间的关系和连接。

虽然很微妙，但是公平性与行动学习的整个过程是交织在一起的。行动学习教练向小组中的每个成员提问，给予每个人回答的机会。教练会叫停那些详细阐述答案的人，以确保每个人在讨论细节之前都有机会给出一定数量的答案。同样，在多问题式行动学习会议中，教练也会控制时间，让每一个问题描述者都有同等的机会来处理自己的挑战。

行动学习的阶段和程序概述

行动学习有许多不同的形式。行动学习小组可能会在几天或几个月内会面一次或几次，可能会处理一个或者多个问题，会面时间可长可短。但是，总体来说，行动学习有以下几个阶段和程序：

- **组建小组**。小组可以是指派的，也可以自愿组成，可以解决一个单一的组织问题，也可以解决每个人的个人问题。小组将会在预定的时间内持续开展工作，举办一些研讨会，或者在第一次会议上对持续时间和研讨会次数等问题做出决定。

- **向小组描述问题或任务**。简要地向小组描述问题（如果是多问题式小组的话，会有若干个问题）。小组成员通过提问来收集有关问题或任务的更多信息。
- **重构问题**。在一系列提问之后，小组常常会在行动学习教练的指导下，对将要完成的关键问题达成共识，并且找到问题的症结，达成共识的问题可能会与原来提出的问题有所差异。
- **确定目标**。当关键问题被确定之后，小组会寻找目标。只有达成目标，才能够从长远的角度解决经过重构的问题。
- **提出行动策略**。小组的很多时间和精力会花在确定和测试可能采取的行动策略上。正如在行动学习的前一个阶段所说的，这些策略是通过反思性探询和对话提出来的。
- **采取行动**。在行动学习研讨会之间，小组既可以作为一个整体收集信息、确定所获得的支持情况，并实施小组所提出并已达成共识的策略，也可以由成员自己来进行。
- **捕获学习成果**。在研讨会的整个过程中，以及在各个时间点上，行动学习教练可能会介入，向小组成员提问，使他们能够：
  - 反思自己的表现；
  - 找到促使小组更加有效运作的方法；
  - 将学习成果运用到组织和生活中。

本书的其余章节会更详细地探讨行动学习的这些阶段和流程。

组织面临的五大挑战

大多数领导者认为，组织在21世纪面临五大挑战，之所以采用行动学习，就是因为行动学习具有独特且精妙的应对这些挑战的能力。

组织问题的复杂性增加

当今世界全球化速度加快，市场竞争激烈，技术飞速发展，变化无时无刻不在发生。人们不断加入或者离开组织，加剧了工作场所的复杂性和混沌状态。问题变得越来越困难，需要依靠更大的创新，并且必须依靠人际合作才能解决。由单个领导者或特定的任务小组来解决问题的老方法已经失效了。

对于新型领导力特质和能力的需求不断增加

在这个竞争激烈、全球化和以知识为驱动力的时代，需要一种全新的领导力。近期的领导理论（例如，德鲁克、柯林斯、明茨伯格）指出，领导者需要具备变革能力、强大的学习能力、情商、伦理标准、问题解决和项目管理优势、敏锐的自我意识、谦虚又自信等特质。几乎没有一个领导者能够具备全部这些技能或特质，传统的高管培养项目也无法提升这些能力或特质。

高绩效团队的重要性日益提升

在组织中，越来越多的工作只能由团队来完成，因为只有团队才具有理解和开发内外部客户所需的产品与服务的知识和资源。遗憾的是，大多数组织中的大多数团队运转失常，不能在市场给定的有限时间内组建起来。

在个人、团队和组织三个层面上的持续学习的需求加大

络绎不绝的新产品、服务、客户、联盟、供应商、政策、技术和立法要求促使我们在组织的各个层面上持续地学习。我们需要更多的学习和培训，但具有讽刺意味的是，我们用于学习和培训的时间却更

少了。即使在参加培训项目或者在开会,我们也是压力重重,必须利用茶歇和午餐时间来查收电子邮件或回短信,继续为客户或同事提供服务。如果我们离开工位或客户几个小时,手机就会响起。我们必须不断地采取行动和开展工作,当然也必须持续地学习。我们知道自己需要"排干沼泽"(进行知识和能力的开发),但却忙着"与鳄鱼战斗"(处理日常的危机)。总之,我们知道需要学习,以便工作更有效率和效果,但我们太忙了,根本找不到学习的时间。

今天,知识是组织最宝贵的资产。然而,大多数知识隐藏在个人或团队之中,并没有转移到组织的其他部门中,不能使大家都从中受益。公司从成功和失败中学习的能力非常糟糕,知识和学习几乎不能以复杂和系统化的方式转化和应用。

对于教练的思维和技能提升的需求进一步扩大

组织需要每一个人,而不仅仅是管理者,帮助他人学习和提升是组织生存和成功的必备技能。层级指挥与控制、对专业知识的依赖等,必然会被参与式领导所取代。每个人都需要更加充分地认识到自己在指导他人、帮助他人更好地为组织服务方面所必须具备的能力和必须承担的责任。组织不仅需要学习文化,还需要教练文化。

国际教练联合会(International Coaching Federation,2017)指出,现在越来越多的组织"认识到建立教练文化的价值,这种文化为各级员工提供了提高技能、提升价值和实现职业目标的机会"。沙因(Schein,2013)一直主张通过教练的方式开展咨询工作,他指出,有效的顾问会提出问题并进行指导;他们不会告知,也不会直接给出方向。

行动学习对组织挑战的有力回应

行动学习是应对以上五个重大挑战的有效且成本较低的方式，有着无可匹敌的威力。为了应对挑战，行动学习能够使企业达成解决问题、开发领导力、建设团队、创建学习型组织，以及提升教练能力等多个目的（见图1-2）。

图1-2 行动学习的益处

突破性地解决问题

行动学习始于问题的解决，并且围绕问题的解决来开展；问题越复杂、越迫切，就越适合行动学习。行动学习的动态互动过程，使得小组能够以全新的方式看待问题，并获得全新的解决问题的想法。从多个角度进行提问，可以牢固地树立起系统思考的意识，小组可以看到整体而非部分、关系而非线性因果模式、基本结构而非事件、变化过程而非快照；行动学习过程能够使小组找寻根本性的原因和杠杆性的行动，而非表面现象和短期的解决方案；行动学习检视宏观与微观的看法，发现何时及如何最好地实施所建议的行动。作为解决问题的结果，行动学习提出了突破性的见解、解决方案和有效策略。

> **星座能源公司使用行动学习解决问题**
>
> 在过去的15年里，行动学习已经为星座能源公司解决了许多紧急、关键的问题，经济收益高达数百万美元。其中一个问题是制订一个一周6天、每天24小时的工作时间表，以满足矿工和工厂经理的需求，同时还要具备法律和财务上的可行性。高级副总裁弗兰克·安德拉奇（Frank Andracci）指出："行动学习小组不到8小时就想出了一个多年来一直无法解决的问题的解决方案。"安德拉奇在报告中说，在行动学习的力量下，以前那些似乎无法解决的其他棘手问题也在逐渐消失，例如在矿井关闭之后的较长时间内保留员工、安全问题、将三个业务单元重组为一个业务单元等等。"总之，来自行动学习的解决方案为我们公司节省了数百万美元。"

开发领导力

无论在企业界还是学术界，大多数领导力开发项目既无效又昂贵（Pfeffer & Fong, 2002）。传统领导力开发项目之所以有这样的缺点，原因很多，其中最主要的有：

- 知识的传播者是教师而不是实践者；
- 学习和行动割裂；
- 学习几乎无法迁移到工作场所中；
- 业务环境变化如此之快，从项目中获得知识速度过于缓慢，而且不充分；
- 在教育过程中缺乏反思性思考，典型的高管开发项目几乎不涉及组织的社会和人际关系方面的内容，其重点是战术（例如，短期的、线性的）领导力而非战略（例如，长期的、系统的）领导力。

行动学习与常规的领导力训练的区别是，其首要目标是在具有一定风险的条件下提出适当的问题，而不是寻找出已经被他人精确定义过的答案，后者不允许有模棱两可的答复，因为"考官"已经有了所有的标准答案（Revans，1982a）。行动学习并没有与管理者工作的环境相割裂，相反，它是在现实组织的背景下进行领导力开发的。领导者学到了什么、是如何学习的，这两者并不是相互割裂的，因为一个人的学习方式必然会影响到他的学习成果（Dilworth，1998）。

传统的领导力项目使用案例研究进行学习，就像通过研究船尾来学习如何驾驶船只一样。审视昨天发生的事情，不会推动变革或者使公司更具有竞争力。成功的因素不断变化，没有一家公司可以仅仅通过重复过去所做的事情取得成功。在行动学习中，人们有机会成长为领导者，因为人们能够反思那些紧迫且重要的事情，因为人们对自己的假设提出了挑战。麦吉尔和贝蒂（McGill & Beaty，1995）指出，行动学习给管理者提供了"探索如何进行自我开发的适当责任"的机会。

> **利用行动学习发展领导力**
>
> 拉瑞·华盛顿（Larny Washington），陶氏化学人力资源副总裁
>
> 在今天快节奏、高竞争的商业世界中，拥有有知识、有能力的不同级别的领导者，是我们唯一真正的竞争优势。我们发现，行动学习是调整和激励组织利用资源建立这种竞争优势的最好方式。

建设高绩效团队

行动学习小组具有很高的凝聚力和绩效表现；他们的会议变得越来越高效，因为行动学习强调如何使个人和团队变得更加聪明和高效。团队思考和团队学习能力稳步提升。行动学习小组要对真实的问题共同承担明确的责任和义务，这使得小组必须团结并取得成功。持续的提问和分享学习的过程，使小组成员之间形成了相互关怀的氛围，并具有强大的凝聚力。对于问题和目标的共识，使得任务、高效沟通、协作和投入变得清晰起来。在这个过程中，逐步产生了强有力的团队协作，学习也得以发生。

> **西门子使用行动学习进行团队建设**
>
> 彼得·普瑞彼拉（Peter Pribilla），公司人力资源部员工
>
> 在西门子，团队建设成为行动学习的主要目标和成果。行动学习帮助公司最大限度地发挥企业家精神，提高团队成员的素质，例如，合作和自由地进行思想交流等。我们利用团队工作和全球网络来强化客户导向和优化整个公司的知识共享。小组素质的提升，帮助我们找到了更多具有创新性的方式来满足客户需求。

创建学习型组织

学习型组织是指那些能够进行持续的学习与改进，以成功地适应外界环境的快速变化的组织。在这样的组织中，强大且相关的学习发生在个人、团队及组织等各个层面。让我们来看一下行动学习如何在所有这三个层面上促进学习，并最终促进学习型组织的创建。

个人层面的学习

行动学习会带来巨大的身体的、智力的、心理的以及社会的成长。巴特菲尔德、戈尔德和威利斯（Butterfield, Gold, and Willis, 1998）表示，行动学习的参与者在意识到需要超越他们的意识信念并挑战他们对当前世界观的假设时，会经历"突破性学习"。这种对于改变和成长的准备度是发展和持续改进的先决条件。

温斯坦（Weinstein, 1995）指出，行动学习的参与者会在三个不同的层次上学习：

- 理智地理解某件事；
- 应用新获得的技能；
- 体验并由此经历一个内在的发展，这种内在的发展会涉及信仰和态度，并会引起个人和专业的发展。

行动学习在第三个层次尤其有效，因为它为"内部不和谐"提供了机会，而问题和行动则提供了外部触发器，这个外部触发器对于个人来说，正是转化学习的关键（Mezirow, 1991）。在行动学习中，人们会更加了解自己的盲点、弱点以及优势，得到希望的反馈和帮助。

团队层面的学习

与同事一起成功解决紧急的问题，对于创建伟大的团队来说非常有帮助。在行动学习中，小组成员学习如何作为一个团队来开展工作。他们会学到一些群体技能，例如解决问题、系统思考、提问、倾听、协作、同理心和批判性思考等。在行动学习中，提问和鼓励他人提问之间有一个平衡点。这使得成员不仅要倡导和推动个人观点，还要指导和强化小组其他成员的学习。

组织层面的学习

在每一次行动学习会议中，小组成员都要确定他们能够在日常生活中应用到组织之中的收获和技能。当他们返回下一次会议时，要分享应用情况，以及这些行动对于提高业务部门的绩效产生的影响。随着越来越多的行动学习成员的价值观和技能在整个组织中得到落实，组织的文化也将转化为学习型文化。

随着行动学习成员重返日常工作，他们的新思维和技能会逐渐影响整个组织，很有可能会形成一种持续学习、奖励学习并将学习与所有的业务活动联系起来的文化。因此，行动学习将促进组织围绕以下内容进行构建：

- 提高学习技能和能力；
- 变革型组织的文化和架构；
- 整个业务链参与到学习的过程之中；
- 提升知识管理的能力。

由于行动学习能够确保学习在每一次行动学习会议上以及会议间隔期真正发生，行动学习小组成了真正意义上的微型学习型组织，完美展现了学习型组织是什么样子以及应该如何运作（Marquardt et al.，2009）。

> **通用电气的团队和组织学习**
>
> 通用电气从20世纪80年代开始应用行动学习。行动学习使得通用电气的员工能够在处理实际问题的同时学习和应用新的技能，例如团队建设、冲突解决、问题解决、教练和引导、对管理方法论及工具变化的理解，以及沟通方法论等。在过去的几十年中，通用电气使用行动学习来创建学习型组织，取得了以下成果：
>
> - 员工可以更容易地跨越国界和业务单元开展工作；
> - 更快的决策和执行速度；
> - 低控制型领导方式下的适当问责；
> - 员工参与并提高了士气；
> - 愿意承担更多风险的管理；
> - 分析瘫痪症文化的减少；
> - 更加开放的对话，员工之间的信任增加；
> - 等级负担的影响减少。

提升教练能力

组织、团队和个人的力量与成功可以通过教练得到显著的强化。越来越多的组织现在会为高级管理者提供教练。组织也逐步认识到熟练的教练在提升生产力、学习力及对于问题解决小组的满意度方面的价值。行动学习通过以下方式提升小组成员的教练能力：

团队/同伴教练： 行动学习是一个基于团队的同伴相互教练过

程。当行动学习小组的每个成员向其他团队成员提问时,他就是一个教练。行动学习非常支持教练技术的开发,促使每个团队成员都能在整个组织中应用这些教练技能。

反馈:培养教练最有效的方法之一就是为他们提供做出和接受反馈的机会。行动学习为成员相互提供反馈创造了一个安全的平台,强化了成员之间的信任,对他们在行动学习会议之外寻求反馈也是一种鼓励。在每一个行动学习会议中,领导力培养都是其组成部分,在这个部分的进行过程中,团队成员需要举例说明其他人是如何展示他们的领导能力的,以及这种领导能力的实践是如何为团队的成功做出贡献的(见第五章)。

教练文化:行动学习使得被限制在一对一关系之中的教练文化得以扩展。在行动学习中,所有的团队成员都可以通过提问来担任教练的角色,同时也会成为其他人的教练对象。这就在行动学习团队中创建了一种教练文化。当每位成员实践他们所学到的知识时,这种教练文化就会扩展到整个组织。

所有人都需要更好、更快、更聪明和更持续地进行学习,还经常需要指导他人学习,可能是指导年轻人在课堂上学习,也可能是指导孩子在家里学习,抑或是指导同事或下属在工作场所学习。行动学习有一个惊人的能力,那就是它可以让你在帮助他人学习的同时,自己也进行学习。

> 国际行动学习协会(WIAL)的认证教练课程极大地增强了我作为教练的能力,尤其是在建立信任、明确客户目标与问题、积极倾听、有力提问、规划行动和探索客户的学习成果方面。将国际教练联合会(ICF)的教练能力与 WIAL 的教练能力相结合,

可以获得更大的成功。

——琳达·劳登布什（Linda Raudenbush），
WIAL 高级行动学习教练

行动学习与其他问题解决方法的区别

问题解决小组与行动学习小组在某些方面非常类似，都是一组人共同工作并试图解决问题。同样，我们可以说毛毛虫和蝴蝶是一样的，因为它们都是由相同的有机元素组成的。但我们都知道蝴蝶和毛毛虫存在巨大的差异。通过破茧成蝶，毛毛虫变成了一个新的生物体，具有更大的力量和能力。通过这种转变，蝴蝶活了下来并取得了成功。同样，行动学习凭借其速度、威力和智慧，彻底转变了问题解决流程的能力和小组本身的能力。

由于在行动的同时强调学习（特别是通过两条基本规则所进行的学习），行动学习过程让典型的"毛毛虫"蜕变成"蝴蝶"。行动学习六大要素的有机组合，打造了强大的团队，并形成了一股新的解决问题的力量。

问题

在行动学习中，问题对于组织、团队或个人来说必须是至关重要、复杂和紧迫的，不能是案例研究或不重要的问题，而应该是需要真正可行结果的挑战。在行动学习过程中，要简要描述这个复杂的问题，以便小组成员通过问题的重构，确定所要解决的最具有战略意义的问题。

小组

小组成员有 4～8 位（而不是一些小组中的 10 位或更多）。在选择小组成员时，要关注观点和个性的多样化，而不是他们的专业知识或者在组织中的层级。为了解决复杂的问题，开发个人、团队和组织的知识和能力，小组成员的多样性比专业知识更有价值。

提问

在大多数问题解决小组中，大家以提供解决方案为主，很少能听到提问，陈述和主张泛滥。在行动学习中，提问与反思是解决问题的重要支柱。找到好的提问是小组的主要任务和技能。反思性探询则可以促进系统思考，提升行动的质量，更快达成共识。

行动

行动学习小组存在的目的是提出小组或组织将要采取的行动。小组不能仅仅提出建议，因为他们是唯一的解决特定问题的人员，他们有责任和义务提出突破性的解决方案。问题的重构要先于策略的提出。行动不仅能体现自身存在的价值，还可以提供额外的学习机会。

学习

在行动学习中，学习与解决问题同等重要，甚至比解决问题更重要。在各种会议上，人们要花费时间和精力来捕获个人、团队和组织的学习成果。小组中的每个人都应坚信，他必须努力学习并帮助他人学习。小组学习得越多，解决问题的速度就越快，质量就越好。

教练

为了确保学习得到应有的重视,要指定一个人,其唯一的责任是协助和帮助小组捕捉和利用学习成果。当这个人进行介入时,小组要停下来,对进程和学习情况进行检视,并要确定如何使小组更加有效,以及个人和组织如何能够更好地学习。

行动学习的显著成就

行动学习是一个神奇的工具,它使得世界各地的组织彻底改变了解决问题和处理危机的方式,成为开发领导力和建设高绩效团队的首选方法。组织通过行动学习项目改变了组织的文化和系统,而个人则改变了他们工作和生活的方式。

然而,这个工具非常基础和简单,而且建立在常识之上,所以,个人和团队可以很容易地将其应用到组织的每一个角落和职业生涯中。六个基本要素和两个关键准则对于创新性地解决问题和开发人才创建了所有必要的条件。行动学习小组可以在一个小时之内完成导入工作和操作过程。行动学习教练可以接受如何有效提问的培训,帮助小组理解复杂的问题,并在保持积极和支持性的团队凝聚力的同时提出突破性的策略。

本书介绍的许多成功的故事都是在组织首次发起并组织行动学习项目时就取得的。接下来的章节会重点介绍如何在各类组织中应用行动学习以取得同样的成功。

02

第二部分

行动学习六要素的应用

第二章

问　题

　　行动学习的起点是问题（也称课题、挑战、机遇或任务），对个人、团队或组织来说，找到问题的解决方案非常重要。简单来说，没有问题，就没有行动学习。问题应该是重要、紧迫、意义重大、在小组的职责范围之内的，并且能够为整个小组提供学习机会。问题越复杂，行动学习的解决方案就越有创新性，学习收获也就越大。

　　在行动学习中，问题不仅仅被看作挑战，也是学习的机会和开发个人、团队和组织能力的机会。问题不再是一个负担，而是磨砺管理者及团队的机遇。行动学习的一个基本假设是，最好的学习是在采取行动并对行动进行反思和借鉴时发生的。问题或课题使得小组关注真实的、重要的和相关的事情，这对于小组来说非常有意义，为小组检验现存的知识和创造新的洞见提供了机会。

使用"问题"这一术语

　　"问题"一词有很多意思——困难、困惑、烦恼、困境、危机、窘况。在行动学习中，有些人会使用挑战、任务、课题或机遇这些词来代替"问题"一词。虽然这些词都可以说明小组正在从事的工作，但行动学习的实践者更喜欢"问题"这个术语，因

> 为它更好地捕捉到了紧迫感以及对于行动的迫切需要。一个"问题"会对小组产生健康的压力,从而带来更好的想法、行动和学习,而所有这些对于行动学习来说都是必要的。尽管课题、挑战或机会等词可能意味着小组正在从事的是一项有趣味且重要的活动,但这些词不能使小组感觉到严肃性和意义感。小组的兴奋度、投入度以及解决方案和学习的质量会因此受损。

选择问题的标准

不是任何问题都可以作为行动学习的问题。好的或理想的行动学习问题,具有能够有效发挥行动学习的威力和价值的一系列特质。

意义性

首先,呈现给小组的问题对于个人或组织来说必须是重要且关键的。小组的产出应当意义重大,问题的解决应当能够带来显著的不同和重大的收益。问题越重要,就越能激发小组寻找解决方案的兴趣和投入度。在多问题式行动学习中,每一位小组成员都将自己面临的挑战摆在桌面上,该问题对于其提出者的意义不言而喻。在单问题式行动学习中,一定要让小组成员理解问题为什么重要,这一点非常关键。某些情况下,这种意义感是不证自明的,因为小组中有一位或多位成员是小组所要解决的单一问题的直接所有者。在其他情况下,管理者需要阐明小组的工作对于组织的意义和战略性地位。如果问题不重要或过于简单,小组就不会投入努力和精力来解决问题,也就无法检验小组是否具备有效解决问题的能力。此外,小组可能会认为组织或个人对于小组没有足够的信任或信心。

紧迫性

问题必须具有一定的紧迫性。解决问题、制订方案以及采取行动，应该有一个时间框架。小组必须知道，他们所想到的创意和提出的策略会在不久的将来付诸行动。小组成员需要知道，组织对于他们寄予了很高的期望，他们要对决策的质量负责，并会因此受到奖励。

> **具有紧迫性的问题/任务的重要性**
>
> 对于行动学习的成功来说，或许没有比问题的紧迫性更为关键的了。如果小组感到问题并不紧迫，他们很快就会失去热情、能量、创造力和对解决问题的投入度。如果问题并不紧迫，组织或者个人很容易不对所提出的策略采取任何行动，这样将会破坏小组对于未来的行动学习项目的兴趣和投入。

没有现成的解决方案

理想的问题是那种还没有找到解决方案，且最优解决方案很可能非常复杂的问题。问题不应该是假想的，或者是其他人或其他组织已经有解决方案的，问题也不应该仅仅是一个困惑（指只有一个正确答案的问题，高层可能对这个问题已经做出了决定，只是希望小组来强化而已）。问题必须是真实的，没有现成的解决方案，不同的人可能会拿出不同的解决方案和策略。当然，问题也不应该是一个案例研究，雷文斯（Revans, 1982）认为，案例研究意味着"由不知名的作者编写的一种失真的状态，在这种状态下，人们不能发挥观察能力去探索真理"。

可行性

问题必须有可行性，也就是说，在组织的能力范围内，并且也要在一个或多个小组成员的能力范围之内。如果对于所能利用的时间和资源来说，问题太复杂，或变数太多，就不是要挑战小组，而是要压垮他们了。

熟悉度

一个或多个小组成员应该对问题和问题的背景有一定的熟悉度。然而，正如我们希望一些成员熟悉问题一样，我们也希望并不是所有的成员都熟悉问题。如果整个小组都熟悉问题，创新性思维就会减少。根据《经济地理》（*Economic Geography*）上发表的来自7 000多家公司的分析数据结果（Nathan & Lee，2013），相比于具有同一性文化的领导团队所管理的公司来说，由具有多样性文化的领导团队管理的公司更有可能开发出新产品。这种现象同样适用于行动学习：小组成员中，对问题及其背景熟悉的成员越少，产生创新性解决方案的可能性就越大。一个不熟悉问题或问题发生的背景的人，会从更新颖的角度提问，这反过来会拓展小组的思维，挑战原有的假设，并最终形成突破性解决方案。

纽约市公共交通局的行动学习

纽约市公共交通局使用行动学习来处理地铁系统的三个主要问题：增加乘客量、不可靠的通知和缺乏团队合作。行动学习小

> 组由不同工作职能、性别、族裔和年龄的人组成，其组建的原则是成员尽可能多样化。每个行动学习小组确定 5～10 个可能的解决方案，除了两个，其余都已实施。行动学习团队不仅解决了问题，而且开始改变组织的文化。

学习机会

好的行动学习问题也会为小组提供丰富的学习机会。所有的行动学习小组都会得到领导力与团队技能方面的学习，例如，解决问题能力、倾听能力、提出开放性问题的能力等。此外，学习收获也可以来自对于组织来说非常关键的技能或话题。例如，如果组织想让小组成员了解某些特定领域的内容，如客户关系或供应链管理，那么提给小组的问题就是一个与这些领域相关的问题。同样，管理层也可能会给小组提出一个与组织的重点变革或创造性思维项目相一致的问题。如果问题无法提供显著的学习机会，行动学习将会失去一个重要益处。挑战越大，学习收获就越多。

小组权力

最后，对于问题的解决，小组必须获得相应的授权，并有权力采取相应的行动。如果小组在两次研讨会议之间无法采取行动，小组成员就不知道他们的想法、策略和学习是否真的有效。如果得知组织将会实施他们提出的建议，小组就会知道他们有权力提出策略性的行动。然而，如果没有得到这样的保证，小组的能量水平就会很低，成员将会缺乏创造性，会产生挫折感或冷漠情绪，可能会不参加会议，无法完成商定的任务。

> **波音公司的问题选择**
>
> 南茜·斯特宾斯（Nancy Stebbins），行动学习项目总监
>
> 对于全球领导力项目来说，波音在选择真实的业务问题时颇下了一番功夫，而且这些问题的解决方案对波音来说非常重要。那些虽然有趣但并不重要，而且不会采取行动的问题绝不可能入选。所选择的问题需要具有一定的复杂性和挑战性，使被选出来参加项目的经理有很好的开发领导力的机会。因此，找到具有较大学习机会的问题非常重要。
>
> 起初，行动学习项目是由人力资源部门来选择的。值得一提的是，当高管团队看到行动学习小组所提出的具有创新性和有价值的策略时，决定由他们来选择后续的问题，这些问题是整个公司所面临的重大且关键的问题。

组织所面临问题的类型

今天，许多组织面临的问题远比过去更加复杂。21世纪的企业具有大量的新特征，这些新特征是迅速变化的社会经济发展趋势所带来的，包括人口的老龄化、业务的全球化、社交网络的出现、意想不到的并购、不断发展的商业模式和分销渠道，以及快速变革的压力。许多人用"VUCA"来形容这个无法预测且不稳定的商业环境：这个词本来用于描述冷战之后的多边世界，现在用于形容所有具有易变性（volatility）、不确定性（uncertainty）、复杂性（complexity）和模糊性（ambiguity）的情形。

面对着这个VUCA世界的挑战，领导者无法找到现成的解决方案。问题变得越来越混乱和难以识别，更不用说解决了。解决问题不再是某个人的事——原因很简单，需要考虑太多的信息和太多的影响因素。要找到今天所面临的极度复杂的困境的解决方案，需要集合许多人的想象力、观点与天赋。没有一个人能够完全理解问题，也没有任何由相似背景和观点的人组成的小组能够找到所需要的创新性答案。

行动学习与复杂性问题

斯诺登（Snowden，2007）提出了Cynefin模型，这个模型将领导者面临的情况分为四类：简单、复杂、极其复杂和混沌。根据这一模型，当今领导者要有效解决所面临的复杂挑战，就需要去探索、感知和回应。

从本质上讲，在团队经历探索、感知和回应的全过程中，行动学习可以为团队提供支持。相较于直接跳到解决方案上，"只在回答提问时才进行陈述"这条基本准则有助于团队首先关注真正的问题或挑战。当团队就问题的不同方面进行提问时，人们的看法和假设被搁置在一旁。这与Cynefin模型中的探索步骤相对应。

根据行动学习会议中的讨论和交流，每个成员要决定在会议结束后采取什么行动。他们可以采取行动来测试想法、确认假设，或者与人们交谈以收集更多的信息。这是Cynefin模型中的感知步骤。

最后，当重新召开会议继续解决问题时，每个人都要分享自己的行动结果以及从中学到的东西。团队将接收这些新信息，并继续通过提问形成对于形势的理解。这是 Cynefin 模型中的回应步骤。

因此,行动学习特别适合解决 21 世纪组织中普遍存在的复杂问题。

技术性问题与适应性问题

海菲兹和劳里(Heifetz & Laurie,1997)对 20 世纪普遍存在、21 世纪更为普遍和重要的问题进行了区分,即 20 世纪的问题是技术性问题,而 21 世纪的问题从本质上来说是适应性问题。

对于技术性问题(在 20 世纪更常见),解决问题所必需的知识已经以合法化的形式或程序集的形式存在了。解决这类问题的挑战是,需要以高效合理的方式对知识进行采集或应用。技术性问题有线性的、逻辑性的解决方案,在组织内部或外部有一些先例,它们更像是困惑,有唯一正确的答案。

适应性问题(在 21 世纪更常见)是指那些尚没有满意的答案且不具备足够的专业技术知识来解决的问题。解决这类问题所面临的挑战是,动员与问题相关的人们痛下决心来调整他们的态度、工作习惯、基本假设及生活中的其他方面,同时,他们还要学会摸索着创建一些尚不存在的东西。适应性问题没有现成的解决方案,也没有足够的专业技术知识,这些问题需要人们共同运用自己的智慧和技能来解决,还需要人们忘却管理的习惯,学会迎接技能不足的挑战,去探索和理解那些决定成败的竞争性价值。适应性问题很难界定和解决,因为需要组织所有人的共同努力。

这并不是说技术性问题不重要或更容易解决,之所以称其为技术性问题，是因为解决这些问题的信息和知识已经存在，在着手解决这些问题时，有具体的程序或指引。然而，随着工作场所变得更加复杂，运营问题需要的不仅仅是技术性的响应。行动学习小组需要学习适应性更强的方法，以解决那些尚没有提出行动计划、现有的专业技术知识也不够充分的问题。

行动学习问题示例

自从雷吉·雷文斯在威尔士和英格兰的煤矿第一次运用行动学习解决问题以来，行动学习小组在过去几十年里解决了各种各样的难题。从营销到管理，从质量到类星体，从培训到技术，来自不同背景和世界各地的个人与组织，在处理挑战方面都取得了了不起的成就。行动学习小组所解决的问题包括：

- 如何构建一项数十亿美元的以云为基础的业务？
- 如何帮助一家成功的企业进入新市场？
- 如何招募和留住高技术工人？
- 如何创建一个雇员能够给予建设性反馈的文化？
- 如何确保员工按时上下班？
- 如何使拉丁美洲的业务量到2025年增加一倍？
- 如何识别战略性项目的关键利益相关人，并让他们投入进来？
- 如何为新兴市场提出风险管理策略？
- 如何更好地利用公司的技术为客户创造价值？
- 如何改进客户服务？

- 如何简化 25% 的制造流程？
- 如何建立高效的存货管理系统？
- 如何解决业务部门之间的冲突？

这些问题有大有小，但均具有重要意义，代表着行动学习对组织、团队和个人的潜在价值。

> 在两个小时的时间里，通过行动学习的方式，我完成了许多工作，比我在过去六个月时间里完成的还要多。
> ——道格·帕克（Doug Park），微软 XBOX 支持部总监

处理一个问题还是多个问题

组建行动学习小组，可以用于处理一个问题，也可以用于处理多个问题。在单问题式行动学习小组中，需要确定一个问题，并且所有的小组成员集中精力解决这个问题。这种单问题式小组有时也称公司内部行动学习，尽管在有些情况下，成员可能来自合作伙伴、顾客或其他控股公司。

在多问题式小组中，每一个成员带来一个问题，请其他小组成员帮助解决。一些组织使用多问题小组的形式（也称开放小组法、同僚教练法或学习圈）帮助管理者解决他们所面临的领导力问题；这种方法通常会将来自不同环境的个人集中在一起互相提供帮助。第一章介绍了这两种类型的行动学习之间的一些关键区别，现在更深入地探索这两种方法的特征和好处。

单问题式行动学习

单问题式行动学习小组在其存续其间共同致力于一个问题的解决。这个问题通常由组织来选择，小组成员可能也是被指定的。小组作为一个整体，不但负责对问题进行重构和提出行动策略，而且可能会被指定去实施他们提出的解决方案。组织"发起"问题，并确保对于采取行动的承诺。通常来说，单问题式行动学习小组的成员来自组织的不同单元。

单问题式行动学习有许多好处：

● 通过运用各类技能，集中精力，高效解决对于组织来说关键且重要的问题。

● 来自组织不同部门的成员在一起开发技能、扩充知识、改变工作思维方式、发展团队技能，这种方式会影响到组织文化，这是迈向学习型组织的基础。

● 当不同业务单元的人由原来的各自为政，到齐心协力地共同解决一个关键的组织问题时，组织中存在的孤岛将会被连接，隔阂将会打破，从而在组织中逐步形成新的、强大的人际网络和协作关系。

● 小组成员有机会向组织展示他们的领导潜能和其他能力，这对于他们职业生涯的发展和组织未来的人才需求都有益处。

● 小组在行动学习环境中开发出来的技能可以应用到日常工作中，使得组织更加高效。例如，未来的员工会议会变得更富有成果和效率。

● 所开发出来的解决问题的能力对于组织未来几年的发展将是一笔宝贵的财富。

● 个人所具有的在工作中持续进行反思和学习的能力,将会给组织生活的各个方面带来巨大的利益。

用行动学习解决具有社会影响力的问题

许多行动学习挑战都是推动组织前进的商业机会。通过将两个独立的组织聚集在一起,利用企业参与者的商业见解和经验来解决非营利组织或人道主义合作伙伴所提出的难以解决的系统性社会问题,行动学习也可以解决有社会影响力的问题。

对于参与者来说,这是提升影响力的机会,这种影响力是与他们在组织中晋升到更高层级所需要的技能和行为相匹配的。这种经历使参与者离开自己的舒适区,但同时又给他们提供了一个学习重要领导技能的安全空间。此外,这种经历可以提升员工的参与度——这些项目的参与者会感到谦卑和荣幸,因为他们有机会运用自己的技能解决真正的社会问题,有助于他们给自己的工作赋予目标感。最后,这种友善的举动也可以用于企业社会责任团队进行内外部的沟通,扩大公司在社会上的影响力。

对于合作伙伴来说,这显然是一个获得帮助以应对他们所面临挑战的机会。正如行动学习所预期的那样,不同的团队构成以及对于提问的关注,给根深蒂固的挑战带来新的视角。最新的合作成果包括:

● 联合国肯尼亚总部大楼的建造:在新总部大楼开工前的12个月,人们越来越担心大楼对于环境的影响,联合国环境规划署在微软领导力项目中提出了一个名为"前线"的项目。由环境署官员和微软领导人组成的行动学习小组制订了一项新的环保节能建筑物战略计划,时任联合国秘书长潘基文在大楼启用仪式上说,这座大楼是"可持续未来的生活模式,将环境的可持续性提升到一个新水平"。

● 为乌干达儿童提供教育基金:希望之子是一家为乌干达贫困地区的儿童提供教育的小型慈善机构,但该机构的资金来源已经枯竭,无法维持机构的运营。来自安永的小组成员帮助他们制定和实施了一项战略,使得他们的资金在18个月内增加了3倍,可为100多名新增儿童提供学校教育,让现有的儿童完成中等教育,并为学校建了一层新校舍。

● 提出增强筹款能力的办法:工程发展信托基金(EDT)致力于将工程业打造成吸引英国和全球年轻人的职业。作为科威特石油公司(KPC)变革代理计划的一部分,该基金与KPC的高级领导者合作,利用行动学习的方式,围绕捐助者的参与情况为EDT制订了一项行动计划,以从他们的工作中获得更多的收入,并扩大他们的影响力。

多问题式行动学习

多问题式行动学习是指每个成员将自己的挑战/机会带到小组中来。成员可能来自同一个组织的不同部门,也可能来自不同的组织,或者只是有意愿互相提供帮助的个人。例如,一组正在寻找工作的人可以通过互助明确职业目标、工作方向、策略和潜在的资源。在多问题式行动学习方式下,每个人既是问题的提出者,也是其他小组成员的资源/同伴教练。

在每个行动学习会议的一开始,小组在行动学习教练的帮助下设定时间框架，让每个人都有一段时间可以就自己的问题接受帮助和指导。在这段时间内，小组成员间互相提问、支持和彼此挑战。小组成员共同协商他们多长时间碰一次面、在哪里碰面，以及他们打算以小组的方式共同工作多长时间。

通常来说，时间会在成员之间平均分配，例如，如果有3个小时的会议时间，有6名成员，那么每名成员会被分配到30分钟左右的时间来讨论自己的问题。有时，多问题式行动学习小组也会商定在给定的一段时期内多次会面，在这个时间窗内，每名成员都有一次机会提出一个问题。例如，6名成员可能会在为期3个月的时间里每个月会面一次，在每一次会面中，其中两名成员可以提出问题。

在第一次会议中，各成员首先介绍自己的问题，然后通过提问来重构问题、确定解决问题需要采取的行动步骤，从而互帮互助。在他所分配的时间结束时，问题提出者会被问及作为这次会议的结果，他打算采取的行动是什么。在每名成员所分配的会议时间里，以及在整个会议结束时，行动学习教练通过向小组提问的方式，让小组成员对自己的决定和小组的互动情况进行反思，帮助小组提升能力。教练还要协助小组成员确定他们的学习成果如何应用到各自的组织和（或）生活之中。

在下次会议上，每个人在指定的时间里向小组成员介绍自己在解决问题方面所采取的行动和取得的进展、结果如何、出现了什么新的困难，以及打算采取的下一步行动。小组通过后续的各次会议继续解决这些问题，直到个人宣布问题已经得到了解决。如果个人的问题得到了解决或者问题已经不再紧迫，则可以向小组提出一个新问题。

行动学习教练的角色可以由成员轮流担任，或者外聘一位专门的教练来持续担任。(参见第七章中关于行动学习教练的角色和选择的相关讨论。）

正如单问题式行动学习有很多益处一样，多问题式行动学习也会给个人和组织带来很多益处。首先，最重要的是，每个人都会得到其他人对于自己的重要且紧迫的问题的关注，通过行动学习中的提问，每个人都获得了新的见解、思路和解决方案。大家在这些问题上给予的帮助能使个人所在的组织节约数量可观的时间和金钱。

而且多问题式行动学习能够创造一个"安全空间"，每个人都可以在此分享问题和担心。因为许多行动学习小组是由不同的业务部门或者不同组织的成员组成的，相比与公司里的直接同事一起讨论问题，问题提出者在分享感受、脆弱时不适感会减轻一些。比如，如何对待下属、如何让老板认识到自己工作的重要性、是否在公司继续干下去等，这些都是大家不想在公司内部分享的问题。大多数人都会对不与我们一起工作或者不为我们工作的人更加坦诚。

在多问题式小组中，几乎没有层级及政治问题需要处理，因为大家都把注意力放在解决问题上。此外，与来自不同组织的人一起工作，大家可以听到对于问题和解决方案的不同观点和方法，还会发现其他组织对同类问题的反应和解决方式，这可能会改变人们的心智模式，建立应对未来挑战的新型思维模式。

大家在多问题式小组中所提出的问题通常都是个人所面对的私人的、发自内心的、紧迫的问题，如果独自去解决这些问题，会感到孤立无援。此外，与他人分享自己的个人问题往往会产生有意思的观点——并不是我一个人有这类问题，其他人也有同样的或相似的问题，我并不孤单。这种意识会给问题提出者很大的支持，让其更加自信。对于行动学习小组中的其他人来说，也有同样的好处：帮助别人解决重要且有意义的问题，会感到满足和充实。当小组成员进行提问和为同伴提供教练时，他们能够看到自己面临的挑战与问题提出者面临的挑战的相似性。

最后，随着行动学习小组成员为他人提供帮助以及不断得到帮助，一系列重要的专业知识和个人能力也会得到开发，比如，如何给予和接受反馈、如何解决问题、如何倾听，以及如何承担风险等。

> **先正达将多问题和单问题式行动学习整合到一个领导项目中**
>
> 先正达公司是一家全球化的农业企业，总部在瑞士，它专注于可持续性农场实践和农业生产力提升。先正达为其全球高潜力领导者设计了一个学习项目。该项目为期12～15个月，重点是帮助参与者具备应对企业级挑战的能力和相应的领导能力。项目共有三个模块，分别是自我领导力、团队领导力和组织领导力。
>
> 行动学习是该项目的一部分，先正达利用行动学习帮助参与者发展领导技能，同时处理他们自己的团队和组织所面临的真正挑战。在项目期间，他们同时经历了多问题式和单问题式行动学习：
>
> - 在自我领导力模块中，参与者学习提问的力量，并尝试围绕自己的领导力风格进行提问。
> - 在团队领导力模块中，介绍了多问题式行动学习，即"学习圈"。每个参与者都有机会提出一个团队领导力方面的挑战，得到同伴的指导。
> - 在组织领导力模块中，高层发起人与行动学习团队合作，共同应对组织所面临的紧迫且真实的挑战。在一整天的合作中，团队围绕这些真正的、紧迫的企业挑战，与高层发起人一起确定根本问题、目标、行动和建议。

> 在整个过程中，参与者不仅对自己的领导风格有了新的见解，而且提升了教练技能，并就真实、重要的商业挑战制定了相应的策略和行动计划。参与者珍妮·巴克斯－泰勒（Jenny Barks-Taylor）说："行动学习创造了一个安全又充满挑战的环境来拓展我的思维。它让我在回到业务中时，能够从不同的角度更好地提出问题并探索企业面临的挑战。"

谁来描述问题

在单问题式行动学习小组中，关于谁向小组描述问题以及如何向小组描述问题，有很多种选择。大部分情况下，问题描述者可能是问题的真正主人，也可能是由组织指派的某个人，这个人要负责在组织中实施策略。这种情况比较理想，因为它能够确保小组提出来的建议立即实施。

然而，也可能会有这样的情况，真正的问题所有者无法出席小组的每一次会议（每一位小组成员都要出席行动学习小组的所有会议，这一点非常重要，这个问题将在第三章讨论），或者他可能会觉得他的存在会减弱小组在寻求创新性答案或检验问题产生的根源方面的自发性和勇气。在这种情况下，小组可能会邀请问题所有者出席第一次会议，让小组成员能够针对问题进行提问，对问题有一个清晰的了解，并了解问题所有者在执行小组决策和策略方面的承诺及资源情况。然后，小组可能会在没有问题所有者的情况下开会，但会间歇性地请他回来，以验证大家对于挑战的理解，确保小组的工作方向与问题所有者的方向一致。

有时，问题是小组的几位或所有成员目前正在苦恼的问题，这时，要选择一个人作为代表来描述问题。在小组重构问题、确定目标和提出策略需要相关信息时，对问题背景有所了解的人要作为资源方，向小组提供信息。在这种情况下，小组中也要包括一些对问题不太了解的成员，便于为所面临的挑战提供新颖、多样化的视角，这一点非常重要。

向单问题式行动学习小组描述问题的最后一种选择是，组织准备一份文件，简要说明面临的情况和期望的目标，在第一次会议前，由行动学习小组成员阅读。在这种情况下，不是依靠个人来描述问题，而是由行动学习教练要求每一位成员写出他们自己理解的问题，每一个问题描述都要读出来，然后小组开始提问。在这些情况下，行动学习小组需要有权力去采取行动和实施策略，这一点非常关键。

在多问题式行动学习小组中，问题的描述要简单得多。每个人负责向小组提出自己的问题。如果前面的问题已经得到了解决，或者在会议间隔期又有了新的、更紧迫的问题，在下一次会议上可以更新问题。

巴西电力公司利用行动学习解决问题

阿尔贝托·瓦泽伯特（Alberto Wajzenbert）和
爱德华多·席尔瓦（Eduardo Silva）

巴西电力公司总部位于巴西里约热内卢，是拉丁美洲最大的电力公司，也是全球第四大清洁能源公司。由于这是一个高度管制和竞争性的行业，公司需要采取一系列措施实现卓越运营和持续性改进。行动学习与精益制造和持续改善两大措施结合使用。这种综合性的方法，使巴西电力公司在很短的时间内找到了解决问题的突破性策略。此外，领导技能得到了提高，团队工作也更加顺利有效了。

如何向行动学习小组描述问题

问题的初始描述要简短、强调重点。佩德勒（Pedler，1996）认为，问题描述者要根据下面的提问来进行准备：

- 怎样用几句话描述问题的情形？
- 这个问题对你／组织为什么重要？
- 你如何辨识这个问题的进展情况？
- 你／组织在处理这个问题时，预期可能出现的困难是什么？
- 如果这个问题得到了减缓或解决，会有什么好处？

之所以把对问题的介绍限制在几分钟之内，原因有很多。首先，它迫使小组开始进行提问，因为在开始解决问题之前，他们还需要很多的信息。当小组成员提一些澄清式的问题，逐步揭示真正的问题时，小组会被塑造为一个真正的小组。其次，问题的简短介绍，还可以省去那些问题提出者认为很重要，但实际上知不知道都无关紧要的信息。最后，最重要的是，限制性的介绍可以减少问题描述者将自己的假设和偏见带入问题描述之中的可能性。问题描述者提供的信息量越大，就越有可能框住或限制所提出的创新性解决方案的范围。有时，问题描述者故意提供许多细节，因为他们想让小组找到与他们心目中的解决方案相同或类似的解决方案。当然，通常情况下，问题描述者并非有意限制小组。在行动学习中，从一个简明的问题描述开始，小组会系统、自然地提出必要的提问，找到解决问题的关键信息。

要注意，尽管一开始的提问往往是指向问题描述者的，但随着小组对问题的了解，他们应该逐步向其他小组成员提问，这一点很重要。否则，问题描述者可能会觉得自己是一个受审者。问题描述者可以通过以下几种方式改变这种状态：表明自己此时无法回答某个特定的问题；表示自己需要反思一下；更有意义的是，向小组进行提问。

运用行动学习解决问题——如何在日本出售雷克萨斯

雷克萨斯汽车于1989年推出，并很快在全球取得了成功，在世界各地销量巨大。但是，直到2004年，丰田还没有在日本销售雷克萨斯品牌。丰田决定发起一个大型的行动学习项目，以解决"如何在日本销售雷克萨斯"这个问题。最初的关键决定是，不但要强调汽车本身，而且要强调雷克萨斯是日本消费者心目中最好的一流品牌这个概念。雷克萨斯还决定，成功的关键是他们的经理有能力向消费者展示雷克萨斯的高端品牌形象和一流服务形象。

分销商共选出了来自日本各地的160位丰田经理参加雷克萨斯行动学习启动会。行动学习项目开始于2004年9月，一直持续到2005年4月。除了为雷克萨斯制定了一个全面的营销策略，行动学习还负责改变雷克萨斯领导者的领导风格，使领导者由指令型领导风格转变成参与型的、团队导向型的领导风格。

项目为期6个多月，每8位经理组成一个小组，共计20个小组。在项目期间，这些经理每个月有5天的时间用于项目的开展。通过认证的行动学习教练对小组的工作和学习起了催化作用。除了行动学习项目，他们还提出了一系列其他的领导力开发和策略活动，包括向丽思·卡尔顿酒店学习客户服务、驾驶雷克萨斯到美国探索雷克萨斯在那里持续取得销售成功的经验。雷克萨斯博客也建立起来，方便经理们相互沟通，接受行动学习教练的在线支持。

　　雷克萨斯的行动学习项目取得了一系列的成功，包括：
● 经理们相互之间创建和交流雷克萨斯的品牌概念，使得雷克萨斯成功地进入日本市场。
● 销售超出预期，到2009年，HS250H成为日本最畅销的轿车之一。
● 2007年，雷克萨斯在日本的143个新的经销网点开始盈利。
● 经理们对雷克萨斯品牌有了深刻精辟的了解。
● 经理们开始具备新的、更有力的领导风格。
● 在经理们的指导下，强大的丰田团队在日本建立起来。

所描述的问题可能不是关键问题

　　组织心理学家布劳克（Block，1999）和维尔（Vaill，1996）注意到，刚开始提出的问题很少是真正关键的问题，通常情况下，仅仅是一个外在症状，在小组探索初始问题的过程中，内在更为紧迫和重要的问题才会逐步显现出来。小组成员在行动学习过程中，要小心地判断初始问题解决之后，所面临的困境是否可以真正得到解决。在行动学习中，获得清晰的真正的问题，并就问题达成共识，是解决问题的首要任务，因为一旦小组成员陷入最初所呈现的问题的解决之中，他们最终解决的可能只是一个错误的问题。

　　　　初始问题很少是最终要解决的问题。行动学习允许人们一层一层地揭开问题的真相，这一点很有价值。我们往往会给表面的问题提供解决方案，这就是为什么有那么多问题得不到解决的原因。当我们认为自己知道问题是什么，并试图为其提供解决方案时，就错失了审视问题的深度和复杂性的机会。

——特里·卡特（Terry Carter），行动学习参与者

问题描述中的偏见

向小组描述问题时，问题描述者应该力求准确和清晰。否则，小组就很难正确地理解问题或者充分解决问题。许多人在描述问题时常常会无意中带上某种偏见或成见，例如：

- **锚定和调整**：我们所描述的并不是事情的本来面目。通常，我们会以自己的价值观和基本假设为基础来判断问题，对问题的哪些方面比较重要有自己的看法，所以，也会戴着有色眼镜描述问题。

- **代表性**：人们倾向于按照已经存在的类别来评估问题的可能原因或解决方案（例如，这类客户总是有这样的行为并导致这类问题）。

- **近期和过去发生的事件**：问题描述者倾向于假定，过去发生的与问题相关的事情还会再次发生。

- **先入之见**：问题描述者往往会对问题及可能的解决方案具有期望，这些期望可能并不现实。因此，重要的是，我们要认识到无论是问题描述者还是问题解决者，他们在开始提问和提出解决方案时都存在着潜在的偏见和成见。

问题是成功和成长的机会

"危机"一词包括两重含义：危险和机会。行动学习看待问题的观点与之相似，问题既是"难以逾越的障碍"，也是学习、成长、发展技能与能力、实践与执行的机会。伟大重要的学习和成就往往源于个人、团队、组织、社区和国家面临的看似无法克服的困难，如冲突或流行疾病等，或者是看起来不可能完成的挑战，如在十年内登月等。行动学习小组欢迎这些类型的问题，因为行动学习有信心突破性地完成这些挑战。

选择和描述行动学习问题检查表

- 小组要处理一个问题还是多个问题？
- 问题有多重要？
- 问题有多迫切？
- 采取行动的时间框架是什么？
- 是一个尚未被解决的真实问题吗？如果得到解决，成果的影响如何？
- 问题的解决能够提升组织和小组成员的技能与能力吗？
- 应由谁来描述问题？
- 谁对所采取的行动负责？
- 问题能提供什么样的学习机会？
- 问题如何以简短的方式描述？
- 我们承认所描述的问题可能不是小组所要解决的真正的或最重要的问题吗？
- 我们对于问题有多兴奋？对于解决问题有多渴望？

第三章

小　组

　　行动学习的核心实体是行动学习小组（有时也称团队）。行动学习小组的成员负责重新定义问题、评估可选择的行动、确定最重要的策略目标、建议或实施策略。理想的行动学习小组由具有不同背景和经验的4～8人组成；这种多样性可以提供不同的视角和新颖的观点，最终促进思维的突破。成员包括来自跨职能或跨部门的个人，也会包括来自其他组织、专业甚至供应商或客户的代表。

小组成员的选择

　　在决定行动学习小组的成员时，要考虑一些问题和标准。

投入度

　　成员对于将要解决的问题及将要完成的任务具有投入度和兴趣。行动学习所要解决的问题应该是个人关心的问题；或者他们认识到，如果小组获得了成功，对他们自身是有益的。他们也应该明白，参与行动学习将会带来个人和组织的成长与成功，同时也是一个帮助他人、建立重要人际关系网络和未来支持系统的机会。

知识

应该有一个或多个小组成员对于问题和组织有所认识和了解。虽然可以从小组外部寻求专家，但在小组内有一些专业知识和经验是非常明智的。此外，也要有一些对问题或组织的认识有限或根本没有认识和了解的成员，他们常常会提出一些新颖的问题，带来新的思想。

实施行动的权力

理想的情况下，实施行动的权力应该在一个或多个小组成员的权力范围之内。如果这样的人由于各种原因不能参加到小组中来，那么小组成员要知道：（a）他们自己有权实施所提出的策略；（b）组织、业务单元或有权实施行动的个人已经向小组做出了保证，确保小组提出的策略一定会实施。

熟悉度

小组中的一个或多个成员应该熟悉问题产生的环境。在行动学习小组中，一些成员对背景和问题比较熟悉，另一些则不熟悉，这样的组合有很多好处。熟悉的人可以向其他成员提供问题的背景和深入一些的信息。然而，熟悉问题的人也可能无法"跳出盒子"看问题，他们往往会对问题产生的原因有一些先入为主的想法：这样可行，这样不可行，为什么这样的环境不能改变，等等。因此，他们可能会很快地拒绝那些对背景或问题不太熟悉的成员提出的新颖想法。对问题不熟悉的成员需要一些时间来"赶上进度"，一旦他们掌握了情况，他们的新视角会促使更多的"盒子"之外的思维和见解出现，而这些思维和见解可能是"盒子"内的人想不到的。

多样化

小组成员可能是从组织的各个不同层级选出来的。行动学习的精妙特性之一就是，它具有让来自不同职级、教育背景和经历的个人，在平等的基础上一起高效工作的潜力，因为提出好的问题、仔细倾听才是行动学习成功的核心。一个门卫、顾客或者店员，有可能会提出比经理或首席执行官更好的问题，因此，层级高低的决定因素是反思性探询过程，而非职级、教育背景等其他因素。

通常情况下，外来者需要很长时间才能跟上进度，我们对这一点会感到不舒服或不耐烦。不过，由于行动学习追求的是提问而非答案，外来者可能会在几分钟之内就能问出一个内部人以前从未曾想过的问题，使内部人对于问题有了新的理解或产生从未想到的新的重大策略。此外，那些来自一组人（如工程师）的内部的、固有的想法，对于另外一组人（如营销人员）来说，可能就是不寻常的、重大的"盒子"之外的想法。来自不同社会领域和学术背景的人能够快速、轻松、高效地一起工作，这让那些首次接触行动学习的人常常感到不可思议。

成员选择

如果组织选择成员（而不是个人自愿）来参加行动学习小组，那么组织的选择就要细致且有策略。迪尔沃思（Dilworth，1998）指出，选择哪些成员加入小组是一个重要的问题，不能采用随机的方式。例如，从不同的部门选择小组成员，组织不仅可以获得各种观点和想法，还可以通过建立组织以前并不存在的人际网络来推进组织的学习和联系。

出席

行动学习小组的成员应该出席该小组的所有会议。行动学习小组的成长、工作方式及凝聚力的形成不同于其他的问题解决小组。与其安排很多会议但无法确保每一位成员都能参加进来,不如少安排几次确保每个人都参加。正如第一章提到的,行动学习小组的成员会以特殊的方式蜕变。一旦这些成员蜕变为"蝴蝶",当然不希望那些尚处在"毛毛虫"阶段的成员加入。因此,在第一次会议之前或会议上,大家要协商确定每次行动学习会议的日期和时间,而且每个人都要承诺按时参加。

行动学习小组的规模

小组成员在 4～8 名比较合适,这个规模既可以提供足够的多样性,又不至过于复杂。如果成员超过 8 名,就会遇到如下挑战:

- **参与过少或过多**。在行动学习中,我们希望所有成员都能积极参与。如果小组成员超过 8 名,就不能保证有足够的时间让每个人都充分参与进来。个人或者会强势地插入自己的意见或提问,或者会退避三舍显得被动,尤其是对于不爱出风头的人来说。在比较大的小组中,小组成员可能对所提供的选项并不满意,但又会觉得没有足够的时间提出新的选择。如果小组成员过多,那些崇尚在别人发言后保持沉默以示尊重的人可能永远没有发言机会。
- **沟通过于复杂**。如果小组成员超过 8 名,沟通的方式就会非常复杂。8 名和 10 名之间的差异并不仅仅是两个人的差异,而是数百个可能的沟通渠道的差异。在大的小组中可能会有小团队,它们的判断和观点会凌驾于整个小组之上。

- **达成共识需要太长时间**。正如我们所知，许多问题和任务必须在几个小时甚至更短的时间内得以解决或做出决定。参与做决定的人越多，达成一致所需要的时间通常就越长。有时小组最后也难以达成共识。最终，那些最坚持的人或者嗓门最高的人，会左右决定。

如果行动学习小组成员少于4名，同样会遇到严峻的挑战：

- **观点数量有限**。这种情况下，解决方案和策略就不像比较大的小组那么具有创意或创新性。
- **小组可能无法完全理解问题或整个系统**。这会导致很多的问题原因难以发现，所提出的解决方案会有哪些影响也难以尽早发现。
- **挑战每个人的假设的机会将会减少**。成员较少会导致对基本假设和观点的挑战减少。
- **小组可能会对问题感到不知所措或被问题吓倒**。小组能量可能会降低，兴奋感可能会丧失，因为一个人可以很容易地影响其他成员的态度。
- **彼此的反馈会减少**。与教练提出的问题相关的信息或案例会很少，与个人、团队、组织学习与应用相关的信息或案例也很少。

小组的期望和责任

在行动学习中，小组要对分配的问题或任务提出切实的解决方案，这是小组的责任，这一点将在第五章中详细讨论。小组成员的事业、声誉、在组织中的领导地位或未来的机会，可能取决于所在小组的表现如何。雷文斯将行动学习小组成员称为"逆境中的同伴"。

正因为有这样的期望，小组成员在解决问题和提出策略的过程中，应该投入很大的精力并承诺"团结一致"，否则小组可能就会"四分五裂"。即使那些对于背景不了解的人，或者那些不能从结果中获利的人，也要对那些能从行动学习的结果中获利的人表现出责任和支持。

共同努力以成功地提出行动策略，这种强烈的愿望是产生更大的学习收获、建立更强大的集体凝聚力和支持性行为的重要因素。如果成员勇于提出好的策略并且以提出好的策略为傲，那么小组所提出的行动策略的质量会明显更高。小组还会实施行动计划，这样也会提高学习和行动的质量。

弗吉尼亚州费尔法克斯县公立学校的行动学习

德洛雷斯·赫恩登（Delores Herndon），职业发展专家

费尔法克斯县发起了一个为雇员提供支持的领导力项目，行动学习是这个项目的组成部分之一。行动学习小组由一名维修主管、两名财务助理、一名客户服务主管和一名行政助理组成，挑战是为服务支持部门的新员工开发一个综合性的训练项目。小组采取的最初行动是调查人力资源部门的各个办事处，确定新员工需要的相关信息。此外，他们还调查了服务支持部门的在职员工，确定新员工希望接收什么样的信息。

行动学习小组向高层领导提交了一个综合训练计划，这个计划对所有员工都有益，包括服务支持部门的员工和教师。带着极大的热情，费尔法克斯县公立学校将小组的建议纳入学区的新员工入职培训项目。

> 参与该领导力开发项目的行动学习小组成员认为：
>
> "行动学习是解决问题的最佳工具之一。具有不同想法、背景、经验、职业的人，为了一个共同的目的努力，威力惊人。"
>
> ——监护主管
>
> "行动学习是一种分享想法和集思广益的开明方式。"
>
> ——行政助理
>
> "多好的概念啊！我很高兴能处理小组的想法和对抗，我非常喜欢这个经历。"
>
> ——维修主管

多样化的重要性

作为个体，每个人都有自己的心智模式和假设，它们会限制想象力。而具有不同视角的人对我们的心智模式和假设形成挑战，多样化的小组将会带来更多的创新、学习和高绩效（Rock & Grant, 2016）。问题越难，专业知识的价值就越低，多样化的价值就越高。因此，只要有可能，我们就应该努力平衡经验水平、思考与学习方式、业务单元、地域、性别、年龄和族裔，增加行动学习小组成员的多样化和丰富性。

小组成员的多样化极大地提升了行动学习的威力和成功的可能，尤其是在处理复杂的、适应性的问题时（见第二章）。维奇（Weich, 1995）指出，团队和组织要想充分理解和成功适应复杂的环境，就需要具备"必要的多样性"。因此，问题越复杂，多样化的思维就越重要。多样化的视角可以提供更多可能的解决方案。多样化还可以让人们意识到自己潜在的偏见（Rock & Grant，2016）。提高与工作相关的多样化程度，会提高团队的绩效水平（Horwitz，2007）。正如我们在行动学习中所做的，给多样化的小组增加反思性探询的元素，将会使小组的创造性威力大增，增强小组系统思考的能力。一系列的多样化提问，会迫使小组用全新的眼光和全新的方式看待问题与挑战。

行动学习小组成员的角色

在行动学习项目中有不同的角色，分别承担着不同的责任。其中一些角色会参与行动学习过程的所有会议，另一些只参加第一次或最后一次会议，或者只在会议之前、之间或之后承担一定的责任。我们一起来看看这些角色。

问题描述者

在多问题式小组中，每个人都在商定的期限内担任问题描述者；在单问题式小组中，一个人或整个小组担任问题描述者的角色。在有些行动学习项目中，偶尔会有以下情况：问题描述者代表整个业务单元或问题发起人来描述问题。

问题描述者在描述问题时，要表现出该问题对于自己的紧迫性和重要性。如果所描述的问题不重要或比较琐碎，那么小组对该问题就相应地会表现出比较少的积极性和投入度。描述问题时要清楚简洁，通常来说不要超过5分钟。简要概述就可以了，因为小组成员会通过提问来获取重构问题或提出行动策略必需的信息。

问题描述者必须愿意提供帮助并且接受帮助。他要相信其他成员真的想帮助他共同探索问题，他要相信小组成员有兴趣且有能力帮到他，还要相信行动学习的反思性探询流程。问题描述者对于提问要具有开放性，对于提给他的问题要进行明确具体的回应，这一点很重要。要避免回答没有被问到的问题，不应该在别人没有问到的情况下就补充更多细节，因为这样会减慢小组的进程，使小组偏离主题。

对于被问到的问题，描述者要给予诚实和直接的回应。如果被问到一个并不知道答案的问题，可以简单地说"我不知道"或"我没有这方面的资料"。

在任何时候，问题描述者都可以自由、自然地向小组提问。通常，在向其他成员提问之前，问题描述者需要首先对小组充满信心，并愿意和小组成员一起努力。当他开始提问时，动能就会立即发生变化。问题描述者会感觉到，这一过程开始变成小组分享和学习的机会了，而不是停留在原地。此时，问题从问题描述者身上转移到了整个小组，小组成员感受到了问题描述者对于小组的信任。当个人或组织的问题变成小组的问题，真正且有效的问题解决过程就开始了。

许多人对于寻求帮助会感到为难，或者如果在回答问题时会暴露自己的弱点，就不愿意回答。我们会认为承认自己需要帮助不是一件光彩的事情。然而，当在行动学习会议中处理棘手问题时，我们要承认，作为一个个人、业务单元或组织，需要新的思想和观点，我们愿意改变、成长和学习。只有接受自己的弱点，才能够捕捉到解决问题所需要的想法和资源。

尤其是在多问题式小组中，每位问题描述者都需要管理好留给他的有限时间，要设定自己想要开发的领导能力，并有意识进行相应的开发。通过明确、坦率和反思性的回应，让小组聚焦于关键话题，从而找到最有力的行动。当一个人将他的问题带给行动学习小组时，他就要具备这样的承诺：他不但愿意回答大家的提问，而且还会承诺在会议之后采取相应的行动。如果个人或组织没有采取所承诺的行动，在下一次会议上，小组就不太可能继续聆听并为他提供帮助了。

在随后的行动学习小组会议上，问题描述者要及时告诉小组，上次会议以后，他（或组织）采取了哪些行动、结果如何。这些信息是会议的重要起点。

行动学习教练

行动学习教练是小组中关注个体和小组的学习与发展的成员，不参与问题的解决。行动学习教练的主要职责是帮助小组学习，从而使小组更有能力去解决问题，他还要识别个体成员开发个人领导能力的机会，促进这些学习成果在整个组织和个人生活中的应用。

在整个行动学习项目中，行动学习教练可以自始至终由一个人来担任；也可以中途由其他教练担任；还可以由小组成员轮流担任，每一次会议由不同的人来担任教练。

行动学习教练还有一些其他的职责，如协调和管理时间，设计和安排行动学习会议的整体框架，确保每次会议既有学习又有行动；处理两次会议之间的行政事务；在第一次会议上，负责让小组明白行动学习的宗旨和原则以及行动学习教练的角色；还要成为小组与高层管理人员、发起人、问题倡议者之间的纽带。在一些组织中，教练本人可能就是组织内部行动学习的发起人或倡议者。

教练越能干，小组的运作就越迅速、顺利和有效。因此，经过培训或认证的教练将会有更多的能力和信心来帮助小组取得成功。(关于行动学习教练认证及其角色和责任的更多细节请见第七章。)

行动学习小组成员

行动学习小组成员可以是自愿加入的，也可以是被指派的，他们致力于开发特定的领导力、团队或个人技能，同时带动部门之间、员工和客户之间以及其他业务单元之间的更好协作。

包括问题描述者在内的每一位小组成员的首要责任是提问以及以尽可能清晰简洁的方式对提给他们的问题做出回应。小组成员的提问应该有助于问题本身而非个人的目的（例如，获取信息或使自己知识更加渊博）。

要把重点放在提问上，而不是人们的观点上。小组成员应该有足够的时间来提问。有时，为了整个小组的积极参与，个人有必要推迟自己的提问。

每个成员都要记住，只要开始提问，他们就已经在发挥作用了，如果他们能提出伟大的问题，那么发挥的作用就会更大。提问的过程就是在解决问题，但小组成员也要认识到：沉默可以让所有成员喘一口气，尤其对于问题描述者来说，他有时可能会对提问不堪重负。

小组成员应该愿意尝试做事情的新方法，愿意去实验、承担风险、提出问题以及反思。他们应该通过口头语言和身体语言来积极地支持同伴。大家应该为同伴提供真诚的支持、鼓励和协助，并培养自己的同理心。个人通过倾听对方的提问并进行提问来展示自己的倾听和关注，这会使小组更加强大。相互建立起信任的人越多，就会有越多的小组成员愿意承担风险。

个人成为行动学习小组的成员后，要出席每一次会议，并从头到尾参加整个会议，这一点很重要。小组的强大凝聚力是行动学习获得成功的驱动力。如果有人缺席会议，宝贵的知识和同伴关系就会丧失。团队合作，尤其是团队思维和团队学习，需要所有成员的参与。

在对问题的根源和真正的问题达成共识后，小组开始了关于制定行动计划和好的策略方面的提问。不要过早地跳进解决方案的制定之中，这一点非常重要（通常，行动学习教练在推进进程之前会提问，以确保大家达成了一致）。在这个时间节点，小组成员要避免急躁或防卫心理。

行动学习小组成员对于学习机会应该具有热情。学习的时间看起来似乎远离了迫切需要解决的问题，但小组成员不应该对此感到沮丧，而应该对自己能够提出新颖的问题，从而对于问题的解决提供了更大的帮助感到骄傲。个人应该为小组带来独特的视角，同时也要检视自己的假设和参与的质量。在行动学习中，每个人都有能力对相互支持氛围的形成做出贡献，在这种氛围中，丰富的对话会带来伟大的解决方案和巨大的学习收获。

在每次会议结束时，要确定行动步骤，这些步骤可能会涉及收集信息、检查计划、寻求资源或支持等。小组成员要对承诺采取的行动负责，行动的执行情况须在下一次会议中介绍。

某些情况下，小组成员不但要找到真正的问题并提出策略，还要负责实施行动。在第一次行动学习会议上，小组成员需要知道自己只是提出策略，然后由该组织中的其他成员来执行，还是需要自己采取行动实施策略。

> **南航通过团队合作改变企业文化**
>
> 从载客数量来看,中国南方航空公司是全球第四大航空公司。南航在为期两年的领导力发展项目中使用了行动学习。不同的行动学习项目带来不同的收益,例如,利用现有容量增加了65%的国际货物收入、缩短了货物和行李的交付时间。此外,真正的团队协作开始扎根,企业文化也发生了明显的转变——从原来的独立思考和地盘意识文化转变为团队合作式的分享文化。
>
> 从高层领导团队到中层管理者,思维方式和领导方式也发生了巨大的变化。一位行动学习团队成员评论说:"南航从此翻开了一个新篇章,所有的员工和管理团队开始共同解决问题,共享愿景。"

问题发起人

行动学习中的组织问题一般都有一个发起人,可以是小组成员,也可以不是。发起人理解问题的本质与重要性,可以帮助小组获得必要的资源和权力。发起人可以自己参加行动学习小组,也可以委派其他人参加。他还要确保问题能够获得高度的关注,所提出的策略能够被接受,确保组织采取相应的行动。

如果问题的发起人或其代表不能加入小组,他应该尽一切努力在第一次会议开场时出现,向小组简要介绍问题的背景,并回答小组在开始解决问题前提出的问题。在接下来的各次会议上,他还可能再一次被邀请参加会议,就问题本身进行回应,或者对正在思考的策略和行动提供反馈。有一点非常重要,非小组永久成员的问题发起人只对提问做出回应,而不能对小组的工作施加压力或做出预判,除非小组向他提出了提供想法或判断的请求。

组织的行动学习倡议者

许多采用行动学习的组织会确认一个人担任组织行动学习的倡议者,对组织中的所有行动学习问题提供支持。通常情况下,倡议者不参加小组会议。然而,有时行动学习小组可能需要从倡议者那里得到信息或特殊的支持援助,小组会请求倡议者出席会议,对这些要求做出回应。然而,倡议者对于小组的主要作用是保证公司对于行动学习的整体承诺。

行动学习成员:指派或自愿

行动学习小组成员或自愿担任,或由组织指派,或者两者兼而有之。根据行动学习项目的特定目标,组织可能会邀请志愿者参加,或者委任特定的某个人参加。例如,如果项目是在组织范围内发起的,并且与组织的战略相关,有可能会形成或改变组织的整体文化,组织会选择跨业务单元的员工组成行动学习小组。如果问题比较聚焦,如建立一个新员工的评估系统,参与者可能会根据兴趣或知识来选择,或者由志愿者组成。

个人自愿参加行动学习小组的原因很多:对话题感兴趣,希望与小组中的特定人群共同工作,希望因参加行动学习得到高层管理人员的认可,或者愿意学习、实践和开发新的领导力和团队能力。无论小组成员是否出于自愿,行动学习项目都要避免小组成员之间形拉帮结派、想法雷同,或者仅仅享受在一起工作。如果出现这种情况,小组成员可能会感到方便和舒适,但在创新和突破性思维方面会受到限制。

小组的完整性和外部资源的使用

在行动学习小组中，巨大的学习收获、个人观点的深入分享、关键责任和直接问责，都使小组被寄予了很高的期望。由反思性探询流程和教练的介入所形成的高水平的团队精神，会使小组的凝聚力得以巩固。一旦小组的成员确定下来，在整个存续期间小组都应该保持完整。普特南（Putnam，2000）指出，最复杂的问题可以只由已经建立起强大社会纽带的小组解决。因此，宁愿少组织一些会议，确保每个人都能够出席，也不要开太多的会导致一位或多位成员无法参加。

有时可能会邀请一位外部人员加入小组回答提问，这些外部人员有可能只参加一次特别会议，也可能多次参加。只有当小组成员一致认为外部人员能够提供信息方面的帮助，或者为问题的解决方案提供支持时，才可以邀请相应的外部人员。当然，在行动学习会议之间，当行动学习小组需要寻求信息、确定资源和测试行动策略时，他们也需要与外部人员交流互动。

外卖小哥的新颖提问价值 3 500 万美元

某工程咨询公司负责为政府部门开发一个革新性的降低成本的流程，为此它迅速成立了一个专案小组来解决这个问题。团队负责人比尔（Bill）将行动学习介绍给了小组，并鼓励工程师和科学家使用这种方法。然而，小组进展缓慢，也没有得出新的突破性想法。只剩下一周时间了。

这天，该小组工作到深夜，他们决定叫一份比萨外卖，填饱肚子再继续奋斗。外卖小哥抵达时，比尔提出了一个令人吃惊的请求。他注意到小组成员都是内部工程师，有着类似的经验和视角，他认为小组需要有不同的、全新的视角。"占用你一个小时的时间加入我们的讨论，你可以赚一大笔小费，可以吗？"他问这位外卖小哥。"我会打电话给你的老板得到他的批准，你需要做的事情就是听听我们在做什么，如果有什么不太明白，或者在看挂图的时候觉得不太明白，请提出你的疑问。"对外卖小哥来说这听上去是一件好事，然而你可以想象到比尔同事们的惊讶和无奈。有一个成员喃喃自语道："我们只有一周时间了，现在还要和这位外卖小哥浪费一个小时！"

外卖小哥坐了下来。倾听和观察了几分钟后，他觉得应该对得起自己的小费。他指着墙上的挂图问道："箭线为什么要从点A画到点F？"画这个箭线的人非常愤怒地回应道："因为原因1和原因2。"但另一名成员则说："噢，我认为是原因3。"第三个成员插话说："嗯，如果是原因3在起作用，我们为什么不能更简单地从点A直接到达点D呢？"小组成员意识到，这位外卖小哥的"愚蠢"提问已经使他们开始检视自己一直以来所持有的不可置疑的假设了。

外卖小哥离开后，小组拿出了一张白纸，决定"跳出盒子"来看待这个项目。在接下来的两天里，他们从外卖小哥的提问出发，涌现出了许多新思路。他们把这个突破性的课题提交给政府，由于外卖小哥的帮助，在合同期内整体成本节省了3 500万美元。

在这个故事的启发下，行动学习小组可以经常委派某人担任"外卖小哥"的角色。这位"外卖小哥"拥有进行各类提问的充分自由，无论这些提问多么地让人不舒服或者多么外行——事实上，

> 这正是小组成员期望从他身上得到的。这个人为安排的角色常常会帮助小组提出成员无法轻易提出的问题。

行动学习对各种性格的参与者都有吸引力

由于行动学习小组探究和反思的本质以及对于思考和行动的承诺，各种性格的人都能够积极有效地参与进来。无论是内向的人还是外向的人，都可以在行动学习过程中表现得很好，因为提问是整个过程的焦点。那些天性比较安静的人，也被分配到时间并受到鼓励去表达自己的见解和想法，因此，他们不会被性格外向的人挤到后排变得越来越沮丧，而是能够更容易地表达自己的想法，为小组做出贡献。而且，反思性探询过程能使得性格外向的人慢下来，迫使他们仔细倾听，并贡献更多的反思性元素。

因为行动学习是最具创新性的，因此，它既需要反思型的成员，也需要行动导向的成员。反思者至关重要，因为他们往往比行动导向的人更易于提出问题；而行动导向的人可以防止小组进入"分析麻痹"。实用主义者强调细节和后续的行动，而理论家则在寻求新的、更广泛和更系统的解决方案方面更有价值，行动学习需要并鼓励这两种类型的存在。小组既需要检视现状以确定什么有效、什么无效，也要寻求创新性的、未经验证的系统性变革的解决方案。需要快速解决方案的人要确保问题被合理地重构、解决方案要达成目标，还要确保不会由此引起其他问题。这让那些被结构和最后期限所束缚的人能够安心，不至于匆忙下结论。行动学习不仅仅关注策略、合乎逻辑的解决方案（这些会吸引具有理性思维的人），也关注互动的质量以及小组和个人的学习与成长（这一点对于那些感性思维的人更有吸引力）。

使用专家的注意事项

行动学习与其他大多数问题解决小组的区别之一是，行动学习特意寻找拥有不同观点的小组成员，而不是那些拥有与问题或背景相关的专业知识的个人。对于艰深问题的解决，专家也许是最好的选择，但研究表明，对于复杂问题的解决来说，多样化的视角比专业知识更为重要（Snowden & Boone，2007）。

专家可能不利于问题解决小组的成功，原因很多。尽管专家可以提供有价值的信息，但他们的想法更多地局限在"盒子"之内——这是在某个学科领域专业造诣较高的人普遍具有的倾向。专家往往会凭借着专业知识主导小组的讨论。反过来，那些专业知识较少的人，在陈述观点或提问时也许会感到不舒服，他们担心专家笑话自己"愚蠢"。在提供解决方案时，这些非专家可能也会非常犹豫，担心自己的想法是专家早已摒弃的。

其他小组成员还会对专家产生依赖性，不愿意承担风险。有关只有专家主导决策制定，而缺乏来自非专家的新颖提问所带来的灾难，我们都知道一些。例如，"泰坦尼克号"的沉没和"挑战者号"航天飞机的事故，就是因为非专家缺乏挑战专家权威的能力。专家会使得小组成员丧失活力，降低个人和小组的信心。

因此，在行动学习中，提出好问题的专业能力比提供答案的专业能力更有价值。在解决问题和寻找创新性解决方案时，要想具有创新性，小组对于新想法的自由思考至关重要。行动学习小组的一个关键优势是其所具有的解释或辨识混乱信息的能力，而不是给出一个科学、简单的答案的能力。

跨文化的行动学习

行动学习起源于西方文化，尤其是盎格鲁－撒克逊文化，但在东方的发展非常迅速。民族文化对于人们如何交流、建立信任和合作会产生影响（Hofstede & Minkov，2010）。不同的文化与行动学习的各要素是否适应，会影响到行动学习威力的发挥。因此，要确定行动学习能否在各种不同的文化环境下有效发挥作用，一定要具有文化敏感性（Marquardt，2012）。特别是在组建行动学习小组时，这种敏感性尤其关键。在高权力距离的文化中，我们建议行动学习小组成员由层级类似的人组成，因为不同层级的成员组成小组，可能会被认为是对权威的破坏，会导致尴尬、困惑和丢面子（Marquardt，2012）。在许多文化中，在决定谁是小组中最重要的成员时，年龄因素要高于能力因素。一项泰国的团队合作方面的研究表明，经验和年龄的多样性不是创新的力量，而是紧张与沟通挑战的根源（Cauwelier，Bennet，& Ribiere，2016）。

集体主义文化则非常重视团队合作，愿意组成一个小组来解决问题，这种文化就非常适合通过行动学习进行合作。对于身处这些文化中的参与者来说，行动学习过程一开始是一种挑战，但很快就会变成一种释放能量的机会，人们会认为使用行动学习的领导者为组织带来了一种新的、吸引人的驱动力。对于这样的团队来说，自己获得解决问题的能力，而不是让管理者告诉自己如何去做，才是学习和自豪感的真正来源。

> **洛克希德·马丁公司的虚拟行动学习小组**
>
> 洛克希德·马丁公司的行动学习小组由来自美国各地区域网点的领导者组成。因此，小组成员面对面开会的机会很少，大部分时间需要借助虚拟方式。洛克希德·马丁公司对小组的成功感到非常高兴。为了进一步开发洛克希德·马丁公司未来需要通过虚拟方式开会的行动学习小组的能力，小组成员在最后一次会议上对下列问题进行了反思：
>
> - 我们在虚拟工作中取得了哪些成功？
> - 是什么因素促成了这些成功？
> - 我们不能做哪些事情？
> - 虚拟小组与实体小组的区别在哪里？
> - 有哪些学习收获可以为未来的虚拟团队提供借鉴？

虚拟行动学习小组

随着越来越多的小组需要在虚拟的情况下工作，许多组织都在探索建立虚拟行动学习小组的可能性。研究表明，比起面对面沟通的小组来说，共享利益但不在同一个空间的虚拟小组的沟通可以更为平等和坦诚，并且更为任务导向（Putnam，2000）。然而，相比面对面小组来说，虚拟小组会遇到一系列重大挑战。

由于缺乏社交联系与沟通，虚拟小组发现他们很难达成共识，也会觉得小组缺乏凝聚力。在面对面沟通时，人们可以有效地感觉到彼此的非语言信息，特别是有关情绪、协作度及可信性等方面的信息。如果看不到进行互动的人，人们这方面的能力就会丧失。此外，虚拟小组在情感方面往往比较疏远，对于小组所取得成绩的满意度相对较低。但是，如果小组成员曾经在一起面对面工作过，并且已经建立起了一定水平的关系，虚拟行动学习的会议就要顺利得多（Radcliff，2017）。

面对共同的问题，尽管虚拟小组可以很快达成智力层面的共识，但要建立起执行这种共识所必需的信任和互惠关系，仍任重道远（Putnam，2000）。为了确保这种信任关系延续下去，有些小组在第一次虚拟合作经历之后会创建起自己独特的虚拟行动学习规范（Radcliff，2017）。在问题和情况比较明确并且具有可行性的情形下，虚拟小组能够顺畅地运行。然而，如果问题的不确定性高、责任重大，虚拟小组就会遇到很多严重的困难，有更强的挫败感。

要成功地解决问题，小组需要拥有一定的交际、反馈及行为线索等要素。如何才能改进相关技术，让行动学习强化这些要素呢？就像面对面的行动学习一样，虚拟行动学习也需要行动学习教练的干预。教练应该使用反思性提问来增强技术本身的威力和价值，让参与者能够更好地分享他们的行为线索，更好地提供反馈。当小组成员逐步适应了虚拟方式，并对这种方式产生信心的时候，教练就可以帮助小组反思学到了什么以及学习是如何发生的了。

随着软件终端用户驾驭网络的难度逐步消失，行动学习参与者能够更加方便地与在线同伴共享知识和信息。在软件开发人员开发新型电子商务应用系统时，行动学习也应该被纳入相应的设计，这样，这些新应用就会成为行动学习要素的一个很重要的补充。沃迪尔（Waddill，2011）和其他研究人员正在继续寻找行动学习在虚拟工作小组中应用的方式。越来越多的组织使用虚拟行动学习，并且不断取得成功。

惠普的虚拟行动学习

惠普在亚太地区实施的问题解决、高潜人才开发项目中，行动学习是其中的一个组成部分。行动学习要解决的关键业务问题是围绕客户服务、产品聚焦、新兴市场的出现、年轻消费者的需求来确定的。多样化的小组成员包括来自不同地区的供应链销售、市场营销、财务及分销人员，他们有8个月的时间来分析问题、调查研究、提出解决策略和实施计划。在8个月的时间里，小组成员只有三次会议是面对面进行的，其余的全部通过虚拟方式在线开展。

惠普认为，行动学习项目的成果非常突出，许多参与到这个项目中的团队成员也在一年之内得到了晋升。他们在职业生涯中所取得的进步，以及在这个项目中的学习，是他们从这个项目中得到的最大收获。有许多参与者在这个项目中经历了艰巨的挑战，甚至打算半途而废，但他们咬牙坚持下来，这要归功于团队的支持以及他们自己的学习收获。

在项目过程中，一些团队经历了由于个性、文化和语言差异引起的冲突。每一个挑战点都成为个人了解自己及其他团队成员的转折点。团队成员重温了遗忘已久的基础知识，也学会了管理多样化虚拟团队的技术。团队成员在许多方面的技能都得到了提升，包括倾听、提问、尊重他人、尊重反对意见、容忍差异等。一些团队成员还提到，冲突处理技巧也是他们学到的重要技能之一（Marquardt & Yeo，2012）。

协作性工作小组更为成功

行动学习小组成员寻求高度合作和协作的工作方式。行动学习需要一些必要的支持和积极行为，行动学习六个要素和两个基本准则能保证这些支持和行为在一开始就已具备，并且在整个学习期间都能够维持和保有。在研究了数百个工作小组之后，有关学者得出的结论是，比起那些小组成员彼此之间存在着竞争的小组来说，协作性小组成功的可能性要大得多（Johnson & Johnson, 1998）。这个分析指出了协作性小组存在的四个主要优势：

- 具有协作性规范和行为的工作小组生产力更高。
- 这些小组所提出的推理策略的质量更高。这里的推理策略包括小组将新信息与原先的知识相结合的能力、识别数据背后的基本概念的能力、解决问题的能力、实施隐喻推理的能力，以及提高元认知的能力。元认知，或者叫对于自身的思考过程的认知与理解，对于小组来说至关重要，因为它会带来学习能力的普遍提升。
- 在协作性工作小组中，小组成员彼此之间的工作关系会更好，在这种环境下，许多个人独立工作时不可能想到的新思路和新解决方案会自然而然地涌现。
- 最后，在协作性工作小组中，学习的迁移会更广泛，效果会更好。在协作的情形下，由于大家对于问题的理解更为综合，学习成果会更多地向组织迁移，在组织中落地。

高效行动学习小组的特征

高效小组会表现出持续取得成功的共同特征。对于行动学习小组来说，行动学习的原则、要素、基本准则和活动等共同发挥作用，可以强化小组取得成功所必备的关键特征。

对于解决问题有共同承诺

成员对于所完成工作的承诺,是一个小组能否获得成功的关键。在行动学习中,小组成员之所以走到一起,就是为了解决对于某一位成员或所有成员来说非常重要的问题(单问题或者多问题都可以)。小组成员知道,他们必须共同努力才能取得成功,而且如果因为成功获得认可和奖励的话,这些认可和奖励一定是作为一个整体得到的。在多问题式小组中,还有一个维度,那就是每个人都帮助其他成员解决其特定的问题,因此,大家会有一种感觉:既然你帮助我解决了我的问题,那么我也会努力并承诺帮助你解决你的问题。

雷文斯在威尔士和英格兰煤矿的行动学习

雷吉·雷文斯的第一个行动学习项目是他在威尔士和英格兰的煤矿担任人力资源总监期间实施的。他的第一个挑战是提升煤矿的生产效率并提高煤矿工人的士气。雷文斯决定向矿工们咨询该怎么做,而不是寻求外部专家。当然,矿工们有很多想法。他们每天都在矿山里,既看到了很多效果不错的办法,也看到了许多愚蠢至极的措施。矿工们对于找到提升安全系数和生产力的解决方案有非常坚定的意愿,因为解决方案实施之后,他们还要返回到矿井中工作(而顾问不需要下到矿井里去看看他们的解决方案是否可行)。对于解决所面临的这些问题,矿工们有着共同且强有力的承诺。因此,雷文斯所在的煤矿比威尔士和英格兰其他煤矿的生产力水平高出30%以上,当然,士气也要高很多。

致力于制定清晰的共同目标

大多数小组成员会认为自己对小组的目标有着清晰、共同的理解，并且很认同这个目标。然而，当你请他们说出小组目标究竟是什么的时候，大家的说法却并不一致。即使某个特定的目标是在同一时间、同一地点传达给大家的，每个人所听到的也不尽相同。为什么呢？因为背景和经验不同，人们对于概念的解释也会完全不同。尽管大家都在努力完成同一件任务，但事实上同组成员的目标常常并不一致。因此，对于任何一个小组来说，要想获得短期和长期的成功，至关重要的一个因素就是，要对小组的目标达成共识。

在行动学习中，我们从来不会假定大家对于问题是什么或者期望小组如何做已经达成了共识。在开始阶段，行动学习小组要通过合作来重构问题或澄清目标。研究表明，只有当小组成员对于目标以及其他人对于目标的理解进行了提问澄清之后，才能形成对于目标的共识。为了确认是否达成了共识，在小组进入提出解决方案阶段之前，行动学习教练要对小组定期进行核检。大多数小组推进得太快，在目标还没有达成一致的情况下，就想要去寻找大家都认同的解决策略。正因如此，成员往往要花上好几个小时甚至好几天的时间，试图强迫他人接受自己的策略。然而，如果大家追求的目标不同，对策略达成一致是非常困难的。相反，如果大家对目标达成了共识，对策略达成一致就容易得多。

愿意与他人合作来提出策略

高绩效小组要求成员对于大家在一起工作有意愿、有承诺，甚至感到兴奋。行动学习开始于一个复杂的问题，这个问题没有已知的解决方案，存在多种可能的选择。由于没有人拥有解决这个问题的所有信息、资源或权力，因此，就需要所有小组成员都能贡献观点、知识和经验，需要小组成员彼此帮助来出主意想办法，并验证这些办法是否可行。在行动学习小组中，由于组织找寻的不仅仅是那些对于问题的解决具备一定经验的个人，还包括那些能够提出新颖问题的个人，因此，小组成员可能会被迫进入完全陌生的问题和情况之中。小组要高效地开展工作，成员必须具备这样的特点：对于新想法持有开放的态度，能够意识到具有不同视角的人会看到他们自己看不到的东西。

拥有向他人提问的勇气

小组要高效运作，成员必须具备彼此提问的能力和意愿，无论对方是谁，都要去挑战他们的想法和观点。在行动学习过程中，我们希望而且要求大家彼此提问，并向整个小组提问。因此，小组成员提问的能力和信心会得到快速开发，而且他们很快就会看到提问带来的巨大价值。许多成员也很享受这样一个事实：专注于提问而不必知道所有问题的答案，会让大家放下负担轻装上阵。尽管提出好问题事实上很难，但大多数人很快就会意识到，提问比给出答案还是要更容易一些，比起最初的想象，他们会更加津津有味地进入到反思性探询之中。

具备按照明确的规范工作的能力

高绩效小组需要具有明确的规范，无论这些规范是强加给小组的，还是由所有成员提出并得到大家认同的。所有行动学习小组的初始规范都包括六大要素和两条基本准则。在行动学习教练的第一次介入中，教练会问："作为一个小组，我们到目前为止做得怎么样？哪些地方做得好？哪些地方可以做得更好？"当问到这些问题时，小组可能还会建立一些补充规范。

当行动学习小组成员对这些提问进行回应时，他们会建立起一些补充性的规范，这些规范会在接下来的共同工作中一直伴随着他们。例如，如果一位小组成员说他们在倾听方面做得很好，教练会请他举一些具体的例子，并询问小组成员在倾听方面做得好的原因。这个讨论会给小组成员的心理和行为留下持久的影响，小组总是会继续表现出这些被确定为"良好的"行为。在回答完"哪些地方可以改善？"这一提问时，小组会立即开始按照他们提供的建议的方式来做事。因此，规范实际上是在小组对提问进行回答的过程中建立起来的。这些规范通常是积极的，例如，倾听、尊重、有创意、提问、反思、承诺等。有趣的是，在整个讨论过程中，这些规范是如此根深蒂固，以至于对于每一位成员来说，跨越这些小组建立起来的规范是非常困难的，因此，这些规范很少会被冒犯。

为什么行动学习小组可以跳过风暴期

行动学习需要遵循"只在回答提问时才进行陈述"这一准则，并且强调学习与行动同等重要，因此，行动学习小组具有一个非常显著的特点，那就是，很少或根本不会经历"个性和权力的风暴期"（当然，想法的风暴在行动学习中被认为是健康的，并且也是提倡的）。因此，行动学习小组会立即从形成期/规范期转化到绩效期（解决特定问题，见表3-1），而不需要依次经历团队的四个典型阶段——形成期、风暴期、规范期和绩效期。在小组开始工作之前，规范就已经到位了，这些规范会在小组开展工作之前就给予解释。而且更为可贵的是，这些规范通常是由行动学习教练通过提问"我们哪些地方做得好，哪些地方可以做得更好？"这种方式建立起来的。

表 3-1　团队的生命阶段

典型的团队	行动学习小组
形成期	规范期
风暴期	绩效期
规范期	规范期
绩效期	绩效期

规范的层级和绩效水平之间存在直接的关系。规范越高，绩效就越高。许多问题解决小组会经历艰难的风暴期，他们不可能完全从冲突造成的痛苦中恢复过来，结果，绩效也不可能非常好。小组成员不可能真正因为成为这类小组的成员感到享受。相反，行动学习小组则充满了满足、成功和愉快的经历。

尊重并支持他人

在成功的工作小组中，成员之间相互尊重，并且对学习别人的观点与看法充满兴趣。由于行动学习六要素的相互作用，特别是行动学习教练的介入，行动学习小组成员能够彼此分享自己的学习收获和短板，彼此的认知是积极健康的。本书的一位作者在担任一个小组的行动学习教练时，小组中有两个成员一起工作了15年之久，但他们之间互不容忍，互不尊重对方的才能或努力。令人惊讶的是，在行动学习小组一起工作的60分钟内，他们相互提问、彼此倾听，分享和尊重对方的思路和策略。会议结束后，一个人说："15年来，我第一次真正地感到能和他共事了，能感觉到他对于我们的组织有担当，并且希望做出自己的贡献。"研究表明，行动学习小组中强大且动态的人际互动，不但能够提升小组的有效性，而且能够提升个体的满意度（Yeadon-Lee，2013）。

> 最让我高兴的是，行动学习除了是一种解决问题的方法，还是一种伟大的团队建设方法。没有紧张，没有等级关系，团队致力于一个目标：解决问题并学习如何变得更有效率。
>
> ——塞巴斯蒂安·萨布罗（Sebastien Sabourault），Transitions Optical 全球运营副总裁

愿意学习并帮助他人学习

成功的小组需要有愿意学习和发展自我，并且愿意帮助周围的人学习和发展的成员。只要加入行动学习小组，人们就会被清楚地告知，该小组有两个目的：解决问题和学习。他们知道自己要将很多时间和精力用于开发个人和团队的能力。抱着学习和帮助他人学习的心态，小组成员之间会建立起互助与共享的氛围，也会更谦卑。这种心态会使小组更为强大、更为敏锐，也更充满人情味。

富有凝聚力并相互信任

尽管人类是高度社会化的生物（Lieberman，2015），但是工作环境中的社会背景带来的往往是威胁性而非激励性，无论这种背景是一对一式的还是团队式的。行动学习小组建立的方法、小组成员合作的方式，以及行动学习基本规范的使用，使得行动学习小组成了一个相对安全的所在，它尤其强调身份性、关联性和公平性的提升（Rock & Cox，2012），而这些正是 SCARF（身份性、确定性、自主性、关联性和公平性）模型中的三个维度。在解决问题的过程中，行动学习小组成员彼此紧密相连，在几次会议之后，他们通常会感觉到彼此之间的信任与真正连接。在共同专注于重构问题和提出策略的过程中，他

们之间强有力的纽带也建立起来。由于行动学习小组的平等性，小组成员相互之间的联系也会建立起来，在这种联系中，和提供答案的能力相比，提问的质量更为重要。当人们分享自己的弱点时，即他们有问题并且需要学习时，高水平的信任也会建立起来。因此，对于参与者来说，行动学习小组是充满能量和活力且令人愉快的。

谷歌在建设高绩效团队方面的发现

当今时代的企业面临复杂的业务环境和不断变化的外部环境，作出决策并指导他人执行自己的决策的英雄式领袖已经成为过去。组织越来越多地依赖团队来寻找复杂问题的解决方案，并且学习的速度要比周围的变化更快才行。埃米·埃德蒙森（Amy Edmondson，2012）将"在学习的同时执行"描述为一种在完成工作的同时致力于完成得更出色的方式。商业领袖们梦想着把自己的团队打造成高绩效团队。

谷歌想知道为什么某些团队比其他团队更加有效，它没有向专家或顾问求助，而是分析了与公司各团队相关的数据。这个名为"亚里士多德项目"的计划花了两年时间，考察了180个不同的团队（Google，2015）。数据显示，通常人们所认为的那些与团队相关的特征，例如多样性、共享目标或个人绩效等，并不是影响团队有效性的决定性因素。那么，影响团队绩效的最重要因素是什么呢？是团队心理安全！

团队心理安全是由哈佛大学的艾米·埃德蒙森教授提出来的，指的是"团队成员具有这样的共同信念：团队对于承担人际风险来说是安全的"（Edmondson，1999）。谷歌的研究表明，相比于其他团队，心理安全水平较高的团队有两个特征：会话式沟通的平等性和高出平均值的社会敏感性。高绩效团队和其他团队之间的真正区别并不在于团队成员是谁，而在于团队成员之间的互动方式。

行动学习既是培养会话式沟通这种团队习惯的很好方式（只对提问做出回应），也是提高认识并欣赏他人的思维方式与工作方式的极好方法。

本书的一位作者将团队心理安全作为其博士论文（Cauwelier, Ribiere, & Bennet, 2016）的内容之一，他研究了行动学习是如何影响这一关键团队特征的。他跟踪分析了多个解决单一组织问题的行动学习团队，在行动学习会议之前和之后测量团队的心理安全得分，该作者证实，无论是在均值方面（团队成员认为团队整体工作更好）还是在离散度方面（团队成员的观点更趋一致），得分均有明显改进。行动学习明显加速了团队心理安全的发展速度，从而促进了高绩效团队的建立（Cauwelier, 2016）。

关注小组利益而非个人荣誉

在成功的行动学习小组中，各成员在提问和寻找答案时，关注的是问题和其他成员的利益，而不是自己的利益。这一点类似于人们在用餐饮酒时的状态：每个人都看着其他人的杯子，以保证其他人的杯子是满的；一旦杯子空了或者不满了，就会有人添满，每个人都不需要给自己续杯。在行动学习中也是如此：每个人都在不断地寻找机会，让其他小组成员有机会回答或提出问题。这样不但整个过程更加愉快和放松，而且能更好地倾听和欣赏他人的想法。

行动学习小组检查表

- 行动学习小组成员选择的标准是什么?
- 小组成员的背景具有多样性吗?
- 小组成员是自愿的还是指派的?
- 小组规模在 4～8 人吗?
- 小组成员是全职的还是兼职的?
- 专家和非专家的比例是否平衡?对问题与背景熟悉和不熟悉的人的比例是否平衡?
- 有组织外的成员吗——客户、供应商、经销商及其他组织成员?
- 小组对成果所承担的责任水平如何?
- 所有成员都承诺参加所有的会议吗?
- 小组成员对问题有主人翁意识吗?
- 如何认可小组的努力和成功?
- 在允许参加所有的会议及在会议期间采取行动方面,小组成员获得上级的支持了吗?
- 可以得到哪些外部资源?
- 日期和时间确定了吗?
- 有虚拟会议吗?

第四章

/

提问与反思

提问可以帮助行动学习小组实现多重目的，也可以带来诸多好处。提问促使小组成员理解并澄清问题，获得新的探询途径，让小组成员在解决问题和提出策略时变得更有洞见性。提问是策略性行动的种子，也是找到解决方案的潜在路径。提问有助于建立团队精神，更好地开发成员的倾听能力，提问也是个人、团队和组织学习的基础。

重要的是不要停止提问。

——阿尔伯特·爱因斯坦（Albert Einstein）

行动学习的焦点是提问

行动学习与其他问题解决方法的主要区别之一是：行动学习聚焦于提问而不是解决方案。行动学习认为，只有通过提问，小组才能真正获得对于问题的共识性理解，才能获得每一个人的潜在策略，才能实现创新、取得突破性的策略和解决方案。

在合适的时间以正确的方式进行的提问是小组的黏合剂。答案的种子就包含在提问的内核之中。因此，问题越好，解决方案及学习收获就会越好；反思越深，越能够促进个人和团队能力的开发。

行动学习认为，问题的解决过程是从最初的分歧开始的，然后使用探询的方式，才会使得最初的分歧逐步缩小和趋同。首先，在确定可能的目标和具体的策略之前，小组必须看到问题的全貌——看到"整头大象"（想一想盲人摸象的故事）。只有通过彼此之间所进行的开放的、新颖的提问，然后对于彼此的回应进行反思，才能获得对于问题的广泛全面的理解。行动学习的核心就是反思性探询的过程以及允许并鼓励人们问"愚蠢"的问题（确切地说是新颖的问题）的小组环境。

解决任何问题的第一步是要确保你知道问题是什么，这一点似乎是显而易见的，但在实践中并非如此。因为曾经听说过或遇到过类似的问题，所以大多数人会自以为是地认为自己确切地知道现在要解决的问题究竟是什么。更为危险的是，我们认为其他人对问题也有相同的看法和理解。现实的情况却是，听说过或经历过同样问题的人对于问题的理解和描述完全不同。为什么会出现这种情况呢？因为我们就像盲人摸象一样，是以不同的视角来看待问题，而这些视角的形成，与我们的经历、年龄、性别、文化、社会和教育背景有关。

对于行动学习的倡议者来说，尽管这些差异在最初会造成一些挑战，但对于解决问题和提出策略来说，这些差异有积极的意义和价值。为什么这样说呢？因为问题本身是复杂的，提出来的解决方案可能会以各种各样的方式对环境造成影响。不同的观点及由此产生的新颖提问对于充分认识问题（例如，一头大象）来说是非常有必要的，只有当大家对真正的大象达成共识时，可行的策略（例如，拉拽象牙）才会出现，我们才能使大象移动起来。

> **盲人摸象**
>
> 　　有七个盲人第一次遇到大象。摸着大象耳朵的盲人说："大象是个大扇子。"摸着大象腿的盲人说："大象是个树干。"摸着大象尾巴的盲人说："大象是一根粗绳子。"摸着大象身体的盲人说："大象是一堵墙。""不，大象是一条蛇。"摸着大象鼻子的盲人说。第六个人说大象是一个口袋，因为他摸的是大象的嘴。第七个人说大象是一个矛，因为他摸的是大象的牙。

提问的威力

　　在解决问题和提出同心协力的行动方面，提问总是比陈述更加有威力。行动学习威力的关键就是源源不断地提问以及提问的质量。因此，行动学习极其重视小组成员提出好的、具有挑战性的问题。提出好问题并不是一件容易的事，尤其当小组正在巨大的问题面前挣扎之时。雷文斯（1982）指出，"当没有人知道下一步要做什么时，在这种无知、冒险和混乱的情形下提出新颖问题的能力"是行动学习的核心。只有通过不断的提问，才能更清楚地看到我们究竟是谁，我们能够获得哪些重要的资源，也才能更加清楚地看到摆在我们面前的究竟是什么，我们才会更加愿意接受和响应变革。

　　在行动学习中，焦点在于正确的提问而不是正确的答案，因为只有正确的提问才会产生正确的答案，提问中孕育着答案的源头。提问可以帮助小组对原有的知识进行识别和重组。当小组成员彼此提问时，他们就会逐步达成对于答案和策略的共识，因为他们能够更清楚地看到别人的视角，也能够更加清晰地识别自己的视角。

> 提问的力量是人类所有进步的基础。
> ——英迪拉·甘地（Indira Gandhi）

提问，尤其是具有挑战性的提问，会引发思考和学习。提问能够在小组中创造能量和活力，因为提问触发了对倾听、对于寻求共同的真理以及对于意见和观点进行论证的需求。提问可以产生对话，在这种对话中，人们开始抛开各自的局限性，去发现新的整体性。

在我们对其他人的问题进行提问时，一个有趣的现象发生了。在提问的过程中，我们对问题及他人变得更加感兴趣了。当我们听到有人回应自己的提问时，我们会对他们的努力和关注表示感激。相比被迫倾听那些基于自己的假设发表的观点和陈述来说，通过倾听彼此的提问和反思，小组成员更容易发现真相。真理并不是从观点中涌现出来的，而是来自开放思想的自由流动。提问让我们把彼此视作学习的资源。

泰坦尼克号和挑战者事件

泰坦尼克号的沉没和挑战者号的灾难有什么共同点呢？根据那些仔细研究了这两个事件的背景和细节的历史学家的调查结果，其共同的因素是参与者不能或不愿意对他们的担忧提出疑问。一些小组成员担心自己是唯一有某种担忧的人（实际上，后来发现小组中的许多人都有类似的担忧）；另一些人则认为他们的疑问已经在小组成员的脑海中得到了回答，如果他们提出来，就会被认为是一个愚蠢的提问。但是，由于大家都没有提问，悲剧由此发

> 生了。因此，行动学习的重要宗旨是建立一个结构和环境，在这个结构和环境中，鼓励人们问那些看似"愚蠢"的问题。但通常来说，"愚蠢"的提问正是一个实实在在的能够最终解决问题，并且或许能够挽救组织的伟大的新颖提问。

提问的四大益处

提问对于行动学习有四大益处，包括解决问题、建设团队、开发领导力和提升学习。

通过提问创新性地解决问题

在行动学习中，提问并不只是为了寻求答案，而是为了理解，为了对提问进行回应，为了迫使人们思考，其关注点不只是追求解决方案，也是创造探索和学习的机会。研究表明，要实现问题的探索和解决，在澄清观点、取得双方对观点的认同及对观点达成共识方面，提问比陈述更为有效（Cooperrider, Sorensen, & Yaeger, 2001；Marsick, 1992）。提问迫使人们仔细倾听，以便能够跟上小组的进度。

提问和反思能够让所有成员的思维开动起来。这种同步学习是一种"团队思维"，它比交谈，特别是被更多的交谈不断打断的交谈要快得多。每个人都有责任进行好的提问，这会让大家从解决问题的负担中解放出来。每个人都不需要具备防备心理，也不需要成为寻找答案的唯一责任人。对于提问的回应使整个小组意识到大家的一致性，同时也能够发现不一致。对提问的回应使问题描述者"边想边说"，表达他的想法，并使他的表达更为清晰和有见地，而这些想法和见地，如果只是在脑海中"想一想"但不说出来，是不可能实现的。韦克（Weick，2009）把这个过程描述为发表建设性的见解，或"不听到我说的话，我怎么能知道自己在想什么呢"。

爱因斯坦和提问

历史上所有的发明均是发明者问了一个前人从未问过的问题的结果。创造了世界上最强大的公式／解决方案（$E=MC^2$）的爱因斯坦指出，正是因为他一直像个孩子似的进行提问，他才会如此有创意。他进一步指出，如果他有一个小时的时间，他会将前50分钟花在提问上。

Salesforce 行动学习中的提问和创造力

连续四年被《福布斯》杂志评为世界上最具创新性公司的Salesforce，总部设在旧金山，在全球拥有超过30 000名员工。最近，该公司开始将行动学习纳入高级人才培养项目Leading Ohana项目之中。在该项目中，来自世界各地的目标驱动型组织要解决它们所面临的挑战，由高级管理者所组成的小组则使用行动学习的方式为这些来自不同地方的组织提供支持。Leading Ohana项目的负责人米切尔·史泰拉德指出（Mitchell Stallard）："行动学习的方法有助于项目参与者开发提问的技巧，并学习如何更好地利用不同的视角解决问题。"同时，通过研究这些目标驱动型组织所面临的真正挑战（其中许多挑战与企业基础有关系），参与者"更深入地了解了目标驱动型组织是如何吸引和激励其创始人和领导者的"。这个洞见为我们的领导者强化对自己的领导力目标的理解提供了重要的观点，而这也是Leading Ohana项目的一个关键目标。

通过提问进行团队建设

提问可以建立强大的、有凝聚力的团队,因为提问对于小组成员来说有很多积极的影响。提问需要我们倾听其他人的想法,可以影响我们对于小组其他成员的感觉。例如,那些正在对我们的知识和观点进行提问的人,我们会重新构建对他的看法和评价。提问往往会使被提问的人觉得自己很重要。它给了对方一个"发光"的机会,以展示他对于他人和对于自己的价值。被提问的人会认为:"向我提问的人是一个相当不错的人,因为他认识到了我的智慧,很看重我的观点。"

当我们期望所有人都将注意力集中在提问上,并且认为沟通的主要形式就是提问时,一个人要想左右整个讨论就非常困难了。人们只能通过提问或回答别人的提问来参与互动。如果所提的问题没有用,小组可能会转移到另一个人的探询之上。

提问还具有建立强大的团队凝聚力的作用。探询被提到了桌面上,重点是提问本身,而不是提出或回答问题的人。随着成员对于小组问题的探讨、解决方案的形成,小组成员之间的协同效应和凝聚力也随之加强。提问帮助小组提出了创新性的见解和解决方案,与此同时,小组成员之间更为强大的纽带和支持也就形成了。就其本质而言,提问会使个人和团队更容易接受调整与变革,更容易获得成长。

通过提问开发领导力

领导者最重要的技能是什么?维尔(Vaill, 1996)、圣吉(Senge, 2006)和其他许多管理理论家,以及全球公认的领导者,例如奥利拉(Ollila,诺基亚)、盖茨(Gates,微软)、钱伯斯(Chambers,思科)等认为，领导者最重要的技能是提问的能力。纵观历史，从苏格拉底到圣吉，能提出正确的问题被视为智者的标志。著名的哈佛大学商学院教授科特（Kotter, 1998）指出，领导者和管理者之间的主要区别在于，领导者是那些可以正确提问的人，管理者则负责回答提问。提出正确的问题能够使我们发现正确的回应，而正确的回应能够使我们采取正确的行动。

在行动学习中，每个人都有充分的时间来实践和展示提问的艺术，小组成员可以在行动学习教练的指导下对提问的质量和影响进行反思。在行动学习中，我们相信，发现正确的提问比对错误的提问作出正确回答更为重要，正如德鲁克所指出的："过去的领导者是有答案的人，而未来的领导者是能提出好问题的人。"

好的提问向别人表明我们一直在倾听和反思，展示了我们的同理心和关心他人的能力，能够给他人和自己带来创造力和能量，可以通过它建立伟大的团队，它比劝诫性陈述更具有激励性。也许对于领导力来说，最重要的是，提问能够使我们周围的人去思考、学习和成长。

下面是行动学习会议中经常使用的关于提问这项领导力技能的一些话术：

分析性思维

- 真正的问题是什么？
- 我们为什么要这样做？
- 你有什么数据方面的证据？
- 这项研究有多充分？
- 做这个需要付出什么？

商业敏感度

- 我们可以与哪些利益相关者接洽？

- 我们如何充分利用资源？
- 风险是什么？
- 我们如何使回报最大化？
- 我们怎样才能维持这种状况？

追求结果

- 我们如何确保取得成果？
- 我们的结果是什么？
- 问题在我们实施这些措施后会得到解决吗？
- 我们如何知道已经取得了成果？
- 我们如何维持团队的活力？

在快速变化的时代，明天必定不同于昨日，新的思考方式必然会出现。在寻找解决方案之前要先提问。行动学习的主要目标是学会如何在具有风险的条件下提出好的问题，而不是找到别人已经定义过的问题答案。我们必须以一种新的思考方式使自己行动起来，而不是以一种新的行动方式使自己思考起来。

——雷吉·雷文斯

通过提问提升个人和团队的学习

影响深远的教育理论家，例如布鲁纳（Bruner）、班杜拉（Bandura）、罗杰斯（Rogers）和诺尔斯（Knowles）都认为，深刻且重大的学习只能是反思的结果。他们认识到，没有提问就没有反思——无论这种提问来自外部还是自己的大脑。因此，反思性探询作为行动学习的核心过程，是优化个人和团队学习的最好且唯一的方式。

提问对我们大脑中的突触也有一定的生理性影响。由于身体需要处理提问，突触张开得更大，产生了更多的连接。为了证明这一点，你可以打开本书或任何一本书的标题，将其转换成一个提问。例如，看到"行动学习可以帮助我们学习"时问一下自己，"行动学习如何帮助我们学习呢？"仅仅是这样一个提问，你就会对你的学习收获之多及这本书在你脑海中留下的印象之深感到惊讶了。

在行动学习中，我们不仅要了解问题的直接原因是什么，或者什么解决办法可能会有效（这是单环学习），还要努力发现问题的根本原因和解决方案（双环学习）以及引起这些原因和解决方案的文化和心智模式是什么（三环学习）。

行动学习帮助人们学习的最后一个方式是建立支持性、创造性的小组环境。当人们以积极的方式回应你的提问时，它会给你信心、自我价值感和重要感，以及对学习环境的感激，这些都有助于你的学习心态和成功。

菲律宾雀巢婴儿营养板块的第一次领导力培训项目：用提问激发变革

当雀巢婴儿营养（NIN）板块的现场经理们参加第一次领导力培训项目时，摆在他们面前的最大挑战不仅仅是千禧一代的劳动力状况、员工数量问题、VUCA环境，还包括提问艺术的缺失。

根据现场经理布伦达（Brenda）的说法，提出有效且有洞察力的问题是该项目所需要的关键技能之一，也是行动学习方法的核心。"在第一次会议上，我们只是通过提问来挑战自己，我们很不习惯，这简直是一场痛苦的挣扎。我们花了两个小时的时间，但没有取得任何进展；我们都只是在考虑如何去识别问题。"布伦达如是说。但她又补充到，一旦她和她的团队掌握了提问的窍门，就为整个项目定下了基调。"随着时间的推移，我们的习惯养成了。一旦我们对于提问和倾听有了正确的态度，从那一刻起，洞察力就随之而来。"

NIN板块面临着VUCA的现实：一个更具竞争性的环境，这种竞争性不仅表现在医疗行业的产品开发方面，而且表现在员工保留方面。自2002年起就担任雀巢菲律宾合伙人的现场经理雷扎（Reyza）在几个月内发起了四个学习模块，并把行动学习非常细心地嵌入整个项目。第一个模块是领导自我，雷扎说，就是在这个模块中他意识到了自己和队友之间的不同："我的个性是主导性的，所以哪怕别人只是看了看我，我的声音也会变得很大。我学会了调整我说话的方式。我发现自己现在处于一个关键的时刻，在说话之前，我会很用心地去提问。他们看到我为了调整所做的努力，并且已经小有成效。"

管理战略合作伙伴和WIAL高级行动学习教练克里斯蒂娜（Cristina）说，行动学习项目对于领导力培训项目来说至关重要，行动学习是解决VUCA的现实和开发雀巢六大领导力成功驱动因素的强大工具。"如果你看一下行动学习项目就会知道，这类项目是为了解决组织所面临的最大挑战而实施的，这些挑战不一定与领导力直接相关。然而，如果它是一个以培养领导者为重点的项目，我们需要确保其涵盖的范围更大一些，以便在工作中能够应用这些原则。"

对于NIN的现场运营副总裁艾森（Ayson）来说，领导力培训项目的结果——特别是从行动学习项目中获得的结果——是可以量化的：不仅仅是教练效果的得分提高了，在教练过程中的提

> 问方式也改变了。"我们的教练在本质上是非常有用的，但是在领导力行动学习项目之后，现在他们对待团队成员的方式更加真诚，在某种程度上更加个性化，他们对于团队也有更强的责任感，他们现在知道自己有能力推动问题的解决。"

行动学习的第一条基本准则

只在回答提问时才进行陈述，这是行动学习的第一条基本准则。提问是行动学习的核心，对于行动学习的成功有着无可比拟的贡献。正如我们所讨论过的，行动学习的很多效力正是建立在能够产生反思性探询的提问之上。由于提问对于问题的解决、学习的发生以及领导力开发和团队建设如此重要且有效，在行动学习中要确保把提问而非陈述作为沟通的主要方式，这一点至关重要。因此，我们强烈鼓励行动学习小组和行动学习教练建立这样的基本准则：只在回答提问时才进行陈述。

这条基本准则并不是要禁止使用陈述的方式。事实上，在行动学习会议中，陈述比提问要多很多，因为提问可以得到来自其他小组成员的一个或多个回应，或者说，每一个提问会跟着多达5～10条的陈述。

要求人们"先进行提问"改变了小组的动力，陈述和判断的天然冲动开始给倾听和反思让路了。一旦问题或任务已经向小组进行了描述，小组成员必须先通过提问来澄清问题，而不是直接跳到为了解决问题而进行陈述。在行动学习中，我们认识到，提问的数量和质量与由此产生的行动和学习的质量之间存在相关性。平衡提问的数量与陈述的数量会产生对话，这是主张与探询之间的适当平衡。

这条基本准则带给行动学习小组的价值是巨大的。首先，它迫使小组中的每个人都思考如何进行提问和探询，而不是发表陈述或主张。提问可以让大家更加团结；而陈述则会导致分裂。如果我们看重提问的价值，那么在这样的环境中，人们就需要彼此倾听。提问可以防止出现一人主导局面的现象，产生更强的凝聚力。提问可能会减缓沟通的速度，但在行动学习中，这种减缓是具有积极作用的，因为它使得小组成员开始反思和具有创造性，使大家先要进行倾听。

有人会操纵这条准则，在陈述结束时提高声调，将陈述转换为提问吗？这当然有可能，但是一旦一个陈述被转换成提问，权力随即就转移到了回答者的手中，回答者可以选择同意或不同意，可以选择对提问进行反思或者用一个开放性的提问进行回应。

令人吃惊的是，小组成员会非常迅速地适应并有能力用这种方式沟通。当行动学习小组体验到了提问的巨大好处时，他们就很乐意接受这一准则了。提问使我们找回了孩童时沟通和学习的天然方式，控制住了成年人对孩童说"别再问这么多问题"的冲动。小组成员看到了小组工作的质量，对这种互动方式感到很舒服，所以，他们也往往会将这条基本准则运用到组织生活中的其他地方。

多米尼加国家银行利用好的提问改进客户服务

在过去的几年之中，多米尼加国家银行树立起了优秀企业公民的良好声誉。在 2009 年，该银行被东加勒比中央银行（东加勒比银行监管机构）评为境内银行界的"最佳企业公民"。该奖项是根据银行对教育、卫生、体育、文化和社会发展的赞助和支持以及雇主市场的声誉情况评选出来的。

> 2009年，人力资源和组织发展高管沃·慕瑞林（Vow Mourillon）将行动学习引入银行。当时选择了一些挑战性问题，其中一个就是银行如何变得更加以客户为中心。当时成立了一个顾客服务行动学习小组，该小组的工作持续了几个月，提出了很多重要的问题、反思，进而提出了更多有威力的问题。最终，该小组在如何更好地对待银行客户方面提出了50项左右的策略/行动，所有这些策略和行动均得到了实施。
>
> 结果是客户和客户服务人员的脸上有了更多的微笑！慕瑞林听到了一些关于银行客户服务的"兴奋的嗡嗡声"。尽管大家最初持怀疑态度，但整个银行的员工都看到了行动学习小组是如何更系统地分析问题、如何对整个银行系统提供全面关注的。慕瑞林见证了行动学习"大大改变了多米尼加国家银行的文化。因为有了行动学习，我们更加具有创造性和责任感，并对我们的现状和未来感到兴奋"。

提问可以识别和整合知识

在解决大多数问题时，大家只用到了小组成员带来的知识。仅仅利用这类知识（行动学习称之为程式化知识，或"P"）来解决问题，只能得到一个渐进的、狭隘的和平庸的解决方案，很少能促使知识发生跃进式的改进或可观的跨越，而发生了跃进式改进的知识才是解决当前更为复杂的问题所必需的。当成员进入一个行动学习小组时，他们所带来的知识对于解决困难、复杂的问题是不够的。该小组的知识和技能必须快速增加，以便充分理解问题，以更为系统的方式解决问题。

只有通过提问与反思（行动学习的反思性探询过程），小组才能具有整体且广泛的视角。通过把每个人都看作既是学习者也是学习资源，行动学习小组成员期待在小组内产生新的知识。提问建立在小组成员所带来的知识之上，同时也在构建新的知识和学习。

以提问为起点而不是以过去知识的使用为参考点，小组可以判断现有的信息与遇到的问题是否相关，是否足以解决这些问题。解决问题的关键始于新颖的提问，而不是过去的结构和假设。提问能够使小组一层一层剥开问题，发现解决方案所需知识的核心要素。

一个好问题的神奇之处在于它通过提问和回答塑造了我们的身份。

——戴维·怀特（David Whyte）

提问中的学习者心态与评判者心态

很多时候，提问是有局限的、不正确的或者简单化的。无效的提问会导致我们走弯路、错过目标，让我们因此付出昂贵的代价。玛莉莲·亚当斯（Marilee Adams，2016）指出，根据一个人提问的方式，提问可以被看作"一个邀请、一个请求，或者一个导弹"。她强调，思维方式决定了我们如何看待这个世界，同时也框定了我们所认为的自我局限性和可能性。心智模式明确或暗示性地确定了我们的行动、互动及影响的范围，决定了我们在任何重点领域的产出成果。心智模式是我们对自己和他人进行提问所采用的类型的决定性因素。此外，心智模式决定了我们观察、理解并接受自己和他人的方式。

在行动学习中，提问时的态度非常重要。提问的目的是使小组成员扩大和深化对于正在解决的情况或问题的看法。因此，重要的是，行动学习的成员要调整自己的风格，避免试探/审讯式的提问方式，而要使用赋能式的提问方式（McGill & Beaty，1995）。

亚当斯（Adams，2016）指出，提问者有两种类型的心智模式：（1）学习者；（2）评判者。在学习者的心智模式中，提问者寻求对于环境的积极响应，其思维更有可能是客观的和策略性的。学习者心智模式不断地搜索和创建解决方案，以一种双赢的方式对待他人。具有学习者心智模式的小组成员往往更加乐观，并积极寻找新的可能性；他们显露出的是乐观、可能性和充满希望；他们都是体贴的、灵活的和易于相处的。

在提问时，具有学习者心智模式的小组成员对新的可能性更加开放，并不会拘泥于自己的意见和观点，也不会认为自己的需求就是正确的。根据亚当斯的研究成果，学习者心智模式容易产生更大的效益、突破和质变。尽管有时保持学习者心智模式更加困难，更具有挑战性，但只要人们拥有这种心智模式，就值得称颂。学习者心智模式会产生客观的思维、创造性的解决方案，并采用双赢的方式来做事。拥有学习者心智模式的小组成员会提出真正的问题，即他们还不知道答案的问题。

学习者心智模式提问的例子包括：

- 这种情况的好处或有价值的地方是什么？
- 这种情况增加了哪些可能性？
- 我们能做些什么？
- 其他人有什么想法、需求和感受？
- 我们能从这里面学到什么？

评判者心智模式是应激反应式的。具有评判者心智模式的人在提问时往往是自动化的，其行动也更绝对化；他们往往强调消极、悲观、压力和有限可能性。评判式提问是僵化的和判断性的。对于评判者来说，提问更可能是对情况的被动反应，从而导致自动化的反应、局限性和消极性。评判性提问会导致非赢即输的结果，这常常与"攻击或防卫"的心理范式有关。德威克（Dweck，2006）把这种心智模式称为"成长与修复"式的心智模式。

评判者心智模式提问的例子如下：

- 我们做错了什么？
- 为什么不用我的方式？
- 谁应该因为这个错误而受到指责？

学习型提问使行动学习小组更具有创造性，建立了更多的信任和开放性，让大家互相倾听并彼此学习，使行动学习的经历更加愉快和成功。

重构提问

对提问进行重构会导致从另一个角度出发来看待事情，这有助于提问者反思自己的评判者心态，并转变为学习者心态。

重构或转换提问的例子包括：

- 我是评判者吗？
- 我没有看到什么？
- 什么是更好的看待问题的方式？
- 对于这个问题我还可以怎么思考？

开放式提问和封闭式提问

在行动学习会议中有几种类型的提问，所有这些提问都有助于小组提升理解和重构问题、确立共同目标、提出潜在策略以及采取有效行动的能力。这里有一些鼓励小组成员在行动学习会议中使用提问的例子。

开放式提问。这类提问给了个人或小组足够的自由度来决定如何进行回应："如果我们采取了行动，最好的结果是什么？"

情感类提问。这类提问邀请小组成员分享有关问题的感受："离开这份工作你的感觉如何？"

反思性提问。这类提问鼓励更多的阐述："你说你与经理相处有困难，你认为造成这些困难的因素是什么呢？"

追问性提问。这类提问使个人或小组对问题的思考更具有深度或广度："为什么会发生这种情况呢？"

新颖的提问。这类提问挑战基本的假设："为什么必须是这样？""你总是做……？""你尝试过……吗？"

创建连接的提问。这类提问可以帮助人们从系统的角度来看问题："这些行动的后果是什么？"

澄清性的提问。这类提问会引起进一步的说明和解释："你是说……？""你能对这种情况再多说一些吗？"

探询性提问。这类提问打开了新的途径和见解，并产生了新的探索："你有没有研究／想到……？""这是一个帮助来源吗？"

想象性提问。这类提问使人能够创造性地思考所有的可能性，不受约束和限制。例如，"想象一个人人都可以犯错的世界，这个世界看起来像什么？"想象也可以表达为"如果……怎么办"。"如果你是组织的 CEO，你会做什么样的改变？"

分析性提问。这类提问可以检视原因而非症状："为什么会出现这种情况呢？"

封闭式提问。这是指可以用"是"或"否"来回答的提问，或者用一个定量的方式来回应的提问。这些提问对于澄清或寻求进一步的了解，以及迅速推进小组进程可能是有用的，例如，"有人会受到影响吗？""你同意这一决定吗？"

程度性提问。这类提问帮助提问者得到一个比简单的"是"或"否"范围更大一些的答案。例如，"从1到10打分，你完成这项任务的准备度是多少分？"

对行动学习没有帮助的提问类型是诱导性（评判性）提问，这类提问迫使或鼓励个人或小组以提问者期望的方式进行回应（例如，"你想自己做，不是吗？"）。一次问多个问题对行动学习没有帮助，一连串的问题放在一起可以满足提问者的需求，却令回应者感到困惑。

> 你看到存在的东西问：为什么存在呢？我想到不存在的东西问：为什么不存在呢？
>
> ——萧伯纳（George Bernard Shaw）

什么是好的提问

在行动学习中，小组成员不断努力提出好的问题，甚至是很棒的问题。提出的问题越好，所获得的洞察力和解决方案就越棒。通常情况下，提出好的问题最好、最简单、最有效的方式是在前一个提问或对前一个提问的回应的基础上继续提问。仔细倾听，然后生成开放性的、有创造性的提问的艺术和科学，将会快速且建设性地推动小组对问题进行重构并提出策略。

什么是好的提问呢？关于这个问题并没有唯一正确的答案，但行动学习的支持者相信，好的、有威力的提问有一些必不可少的元素。精湛的提问可以产生一系列美妙的结果，因为它们：

- 使我们聚集和/或延展；
- 引起深刻的反思；
- 挑战阻碍我们以新的和有力的方式采取行动的理所当然的假设；
- 难以回答，可能需要一定的勇气才敢于问出来；
- 催生突破性思考；
- 包含着打开伟大解决方案之门的钥匙；
- 具有支持性、洞见性和挑战性；
- 没有定见，体现共享精神；
- 是无私的，不是要体现提问者的聪明程度，不是提供信息，不是要得到有趣的回应；
- 拓宽问题所有者对于形势的看法；
- 打开人的心扉，使人们的思考更深入；
- 检验假设，促使人们探讨为什么这样做以及如何做；
- 产生积极而有力的行动。

好的提问应该在它们能够产生反思和学习的时候提出来。"为什么"类型的问题很有价值，经常被用在行动学习中，因为它们会引起我们的反思，可能会使我们以新颖的、不可预知的方式来看待事情。像"为什么你会这样认为呢？"或"为什么要做这项工作？"这类提问，可以帮助小组以新颖的方式检查旧的问题。其他一些能够引出丰富回应的提问例子如：

- 这件事还可以用什么方式来完成？

- 我们还能想出哪些选项？
- 有哪些资源我们从来没有使用过？
- 如果我们做到这一点，我们期待发生什么？
- 如果你什么都不做，会发生什么？
- 你有什么其他的选择？
- 是什么阻止了我们？
- 如果……，会发生什么？
- 我们有没有想过……？

当提出一个好问题时，行动学习小组会了解和感受到，一个或多个成员会不由自主地说："这是一个好问题！"好的提问会让人们以富有感情的方式进行回应。当一个小组提出一个或多个这样的问题时，小组会更有信心，这种信心会带来对问题更为清晰的理解，会得出富有想象力的解决方案。

> 一个好的提问从来不可能得到充分的回答。它不像我们拧螺栓一样可以拧到位，而是种下了一粒种子，可以孕育出产生更多好点子的绿色希望的种子。
>
> ——约翰·西亚迪（John Ciardi）

谁来提问

每个人都可以提问！在行动学习中，提问并不是那些最有专长或最有威望的人的特权。小组的每一位成员都要提问，而且必须提问，每个人都有独特的视角和经验，每个人都可以帮助小组获得对于问题的全面和系统的理解，这会促使小组重新构建问题，然后开始提出最具战略性和创新性的解决方案。

问题描述者也应该提问。如果他只对提问进行回应，他会觉得自己正在接受审查。当然，最开始的一些提问是指向问题描述者的，这很自然，因为他是所需重要信息的源头。然而，描述者应尽快开始向其他小组成员提问，这样可以表明问题描述者现在对于小组成员有足够的信心，希望听到大家的想法，而且这也表明他并没有预先确定的解决方案。

通过问题描述者向小组的提问，小组的沟通动态发生了改变，问题描述者自身从"车轮的轮毂"（小组其他成员像辐条一样都只与轮毂互动）位置中解放了出来，小组成员开始彼此互动。通常正是在这个时刻，问题从问题描述者手中转移到了整个小组手中。现在，问题被摆在每个人的桌面上，而不只是存在于问题描述者的头脑之中，小组会表现出解决问题的更大的能量、投入度和创造性。

> 处理新经验，找到它们的意义，并将它们融入自己的生活，这种能力是领导者的典型能力，实际上，也是每一位使生活更加充实、更加美好的人的能力。
>
> ——瓦伦·本尼斯（Warren Bennis）、
> 罗伯特·托马斯（Robert Thomas）

反思与反思性探询

提问与回应之间的安静时间，给小组成员提供了检视其假设和发现共同视角的机会。为了使反思性探询能够发生，必须要为大家留出空间来驻足，使他们的洞见和基本假设得以解冻。反思并不会轻易、自然地到来。大多数小组尝试着使反思得以发生，却以失败告终。然而，在行动学习小组中，反思却是连续的、自然发生的。

行动学习刻意为反思和倾听留出了时间并创造了条件。期望所有的小组成员都能够进行提问，并认真听取对于提问的回应，这就使得小组和个人养成了反思性探询的习惯。反思只有在有提问的情况下才可能发生，没有提问，不可能有反思。

反思包括回顾、思考、分离、获得意识及尝试理解。反思性探询挑战人们的程式化知识，或者沙因（Schein，1997）所指的"正在使用的理论"。这种类型的探询并不是要否认程式化知识的重要性，但它确实为小组成员提供了一个接触新知识的机会。梅兹罗（Mezirow，1991）指出，反思把人们的假设、前提、标准放到意识中来，并对其进行大力批判。

反思性探询为小组成员之间相互支持创造了机会，因为他们需要倾听彼此的声音，这是质变学习的关键。舍恩（Schön，1986）所描述的反思元素有：(a) 诊断（构建和感知问题的能力）；(b) 测试（致力于实验和反思，以测试替代性方案）；(c) 勇于行动并对行动负责。反思在库伯（Kolb，1984）所描述的学习周期的各个阶段都发挥着重要作用，如图4-1所示。

哈默和斯坦顿（Hammer & Stanton，1997）指出，组织和小组可能会以各种不同的方式失败，但所有这些失败都有一个根本原因，那就是反思的缺失。明茨伯格（Mintzberg，2011）、库泽斯和波斯纳（Kouzes & Posner，2002）把反思作为对领导力开发不可或缺的组成部分，并指出，领导者的收获更多地来源于对自己而非他人经历的反思（例如，通过案例研究）。

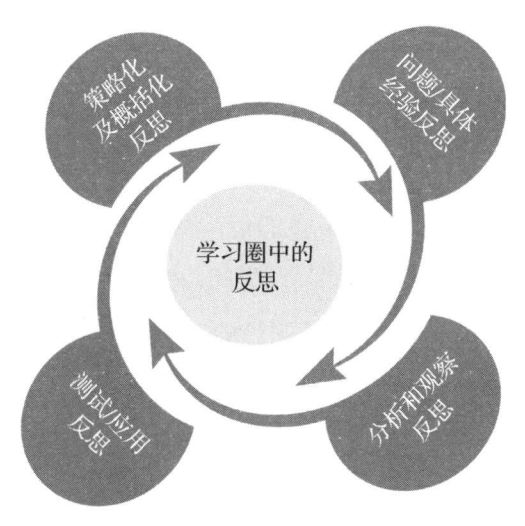

图 4-1 学习圈中的反思

对话与反思性探询

对话是一种特殊的沟通，在对话中，我们鼓励倾听和学习，而非谈论、说服和推销。在对话中，主张和探询之间有一个平衡点。对话是我们推进议程的本能倾向，而探询则是通过提问来找出他人的假设和观点。对话鼓励双赢，不注重说服别人。对话不同于辩论或讨论，如表 4-1 所示。

表 4-1 对话 VS 辩论 / 讨论

对话	辩论 / 讨论
在部分中看到整体 寻找部分之间的联系	把问题进行分解 看到部分之间的区别
探询假设	评判假设或为假设辩护
通过探询与公开进行学习	说服，销售，告知
在多样性中创造共享的意义	获得对某一个意义的认同

> 如果我可以再来一次，我会更多地提问，更少地打断他人。
> ——罗伯特·布劳特（Robert Brault）

对话允许小组利用小组成员的集体智慧，把情况看作一个整体，而不是支离破碎的片段。对话强调提问，而不是提出解决方案；强调获得共享意义，而不是强化某人自己的意思。

在对话中，每个人的想法都获得了小组其他成员的倾听和尊重。对话可以创建一个共享的信息池，它是一个特殊的谈话形式，它肯定了讨论者之间的人际关系，并承认讨论者的共有权利和感知世界的智慧。这种对于知识的共享不仅能涌现出创新的种子，也是产生意想不到但非常宝贵的想法和新颖且富有想象力的洞见的源泉。

对话需要暂停意见和评判，取而代之的是对于问题和困难的创造性探索与推进。对话促成了被称为积极的"团队思维"过程的集体思维的出现。当小组有了对某个事件的共同理解，就意味着小组具有了创造意义的潜力。对话使人们以全新的方式来看待大家所关心的问题，这种全新的理解可能包括对于要采取什么样的行动的确认，或者由个人和集体所做出的决策。

对话会涉及人际关系。对话的核心概念是，通过互动，人们认识到了他人的全部，而不只是他人的效用，其关注点是获得更多的理解以及取得共享的意义。对话是以这样的原则为基础的，即人脑可以有逻辑且理性地思考，而不需要仰仗武力、传统、智者或神权做出的解释来认识世界。

对话不仅是对个人智慧的肯定，也是对集体智慧的肯定。它认为，每个人对自己的隐性假设都存在盲区，需要别人的帮助才能看清楚。它认为每个人，无论他多么聪明或有多大能力，都只会从某个特定的视角来看待世界，但其实要说明观点，还存在其他合理的视角。

艾萨克斯（Isaacs，1993）指出，对话不仅仅是改善组织、加强沟通、建立共识或解决问题的一组技术。它所基于的原则是：概念和实施是紧密联系的，其核心是共同意义。在对话过程中，"人们学会一起思考——不仅仅在分析共同的问题，或者创造新的知识共享内容层面思考，而且是在思想、情绪以及由此产生行动的集体感知层面思考，而这种思想、情绪是属于所有人的，而不仅仅属于某一个人"。通过对话，人们开始转化到协调一致的行动模式之中，并开始整齐划一地采取行动，他们开始看到如何让部分融入一个更大的整体。

行动学习中的对话和创新思维

对话是行动学习过程的重要组成部分，因为有不同观点的人加入了进来；它有助于将可能的问题解决方案与由于学习可能采取的行动连接起来。小组进入对话并非易事，因为大多数人会发现，倾听出与自己所持有的假设相矛盾的假设非常困难，因为我们每个人都会不自觉地坚持和捍卫假设，并把这种坚持与捍卫带到对话之中。行动学习坚持使用提问和反思性探询过程，这就能够让个人更容易、更有效地投入到对话之中。当人们真正投入到公开、坦诚的沟通之中时，对话有助于消除与会者之间的壁垒。

对话的实施需要小组成员之间具有开放和相互尊重的氛围，在这种氛围下，知识是可以共享的。在行动学习的环境中，成员可以不必受约束，人人都有平等的机会去挑战别人的想法，小组成员秉持探询的心态，通过向自己和他人提出开放式问题展示好奇心和勇气已经成了一种习惯。如果没有这样的氛围，小组成员不可能花费精力或承担风险来有效且创造性地解决问题。

对话对于面临各种棘手问题的行动学习小组来说尤为重要。当有紧张或艰难的困境需要面对时，人就像是高温下的电子，既相互交叉又相互碰撞。而对话则旨在通过重新调整小组的注意力来寻找到冷却器，创造共享的环境。小组往往要经过几个阶段才能实现对话。

邀请阶段。当小组刚走到一起时，邀请阶段就开始了。在这个阶段，个人所带来的是他们隐藏的、没有表达出来的不同视角（类似于摸象的盲人）。

谈话阶段。在谈话阶段，人们开始互动。谈话（conversation）一词来源于拉丁文conversare，意思是"一起转动"。在行动学习中，小组在这个阶段开始"一起转动"来寻找对于问题的共同理解，努力重构问题。

审议阶段。此阶段开始于小组试图做出选择之时。

暂停阶段。此阶段需要小组成员暂停他们的意见，对于自己及所有人的观点不再那么肯定。在这个阶段，小组开始对假设进行提问。

对话阶段。当小组选择在混乱而非确定性的情境下继续前行的时候，对话阶段（对话（dialogue）是一个希腊语单词，意为"流动的意义"）开始了。小组可能会觉得这个阶段处在一个巨大的洗衣机中。在这个阶段，确定性和结论难以管理。但没有必要惊慌失措，如果仔细倾听和探询，清晰就会从嘈杂中脱颖而出，创造性也会从小组所做出的决定中体现出来。

在其他国家文化中的提问

伊莎贝尔·里马诺舍（Isabel Rimanocy）

有些国家的文化不习惯接受提问，我有过两次这样的经历。在泰国，提问被当作对别人观点的挑战，人们认为首要规则应该是大家不能"丢面子"。我的经验使我把重构问题当作送给他人的礼物,当作兴趣和好奇心的标志。这种重构完全改变了提问的概念,小组很轻松地适应了提问过程。

在北欧,我和几位务实的工程师一起工作,最初他们对于将会被提问而不是得到答案和解决方案感到担心。我相信行动学习的流程,在第二次会议结束时,我很惊讶地听到参与者说:"我的生命被分成了项目前和项目后,我开始使用提问前和提问后。"这些人已经受到了深刻的、质变性的影响。

行动学习主要是在西方国家发展起来并有诸多实践的,需要能够"融入新的文化"之中,即跨文化边界进行传播和转化,用计算机的术语来说,就是确保行动学习项目是用户友好的。但这并不意味着行动学习的基本要素会被删除或发生根本性的改变;相反,这些基本要素要进行调整,以适应文化环境,确保行动学习的最大益处得以发挥。如果没有这种适应和调整,行动学习的威力和益处将无法体现出来。因此,随着越来越多的全球性公司将行动学习项目引入具有多元文化的管理者和劳动者之中,行动学习项目的适应性这个话题也会变得越来越重要。

事实上,越来越多的非西方组织和社区成功地使用了行动学习,这表明它在世界各地具有同等的价值和影响力。事实上,行动学习项目正在中国、墨西哥、哥伦比亚、罗马尼亚、毛里求斯、柬埔寨、泰国和埃及等地不断涌现。本书的作者将行动学习应用在了跨文化小组的学术项目之中,以及非洲、欧洲、中东、亚洲和拉丁美洲的领导力项目中,都取得了巨大的成果。通过这些经验可以得出这样的结论,即行动学习可以在世界任何地方发挥作用。然而,对于文化差异的敏感性以及对于行动学习要素的修订和调整,尤其是对于"提问"这一要素的修订与调整，对于确保行动学习在所有文化环境中的有效性来说，还是非常有必要的。

在一些文化中，如果在一个小组之中有年长者，年轻人在表达自己的想法时会很犹豫。在决定一个人可以在何种程度上表达自己的观点时，这个人的地位非常重要。在另一些文化中，存在僵化的、等级森严的、官僚主义的结构，在这种结构下，存在巨大的地位差异，对权威有着极度的尊重。在决定谁是小组中最重要的成员时，年龄总是比能力更为关键。

在那些赞同等级制度和明确的角色的文化中，很难将不同的互动性小组聚集在一起。座位的安排是由地位来决定的。所使用的语言也需要区分出敬语或非敬语。尤其是在由不同地位的人组成的群体中，礼貌是绝对必要的。

然而，即使是在等级制的组织中，提问在行动学习中也是有效的。在与新加坡一些官员合作的经历中，我们发现行动学习在处理组织挑战方面也很有效。军官们身着军装来到行动学习小组中，军衔显露无遗。然而，行动学习会议的文化是开放的和好奇的。军官们在互相提问时是相互尊重的，并无军衔的差别。这确实表明，提问在所有文化中都有效，即便在权力距离更为明显的组织或文化之中也是如此。

大多数文化中所提倡的集体主义对于人们在行动学习小组中工作是一种鼓励。这些文化对于团队合作和集体解决问题非常重视。因此，比起更强调个人主义的西方文化来说，行动学习更适合这种集体主义的文化。

为了让小组成员在提问时更加自如，行动学习教练可以使用以下小贴士：

- 创造一个鼓励提问的氛围；

- 作为一名学习教练或催化师，在一开始就使用提问，把大家的精力聚焦在解决问题上，而不是追究责任；
- 认识到保护个人面子的文化需要以及不让他人丢脸的必要性；
- 为反思设定时间；
- 对沉默不语或强烈的表达感到舒适；
- 欣赏迂回性和礼节性；
- 理解非语言交流模式和问题的背景。

我们生活在一个由我们的提问所创造的世界里。

——戴维·库珀里德（David Cooperrider）

提出好问题的艺术

提出有威力且具有挑战性的问题的能力与其说是一门科学，不如说是一门艺术。科学是指，简单地仔细倾听提问和（或）对这个提问的回应，并把它们作为思考的基础，而不是专注于自己的利益。艺术是指创造性地提出真正开放性的、新颖的提问。沃尔特·迪士尼（Walt Disney）把提问称为"未被污染的奇迹"。

就像一首伟大的诗篇，提问可能并不会以提问者所期望的方式得到解释，但可能会带来各方预期不到的想法。好的解决方案的种子就这样蕴含在这些好的提问之中。与伟大的诗篇一样，好的提问需要时间和对于真正的赏识的开放性。通过提问和反思过程，行动学习打开了科学和艺术最美好的地方，让困难且复杂的问题得到既具有实践性又具有革新性，并且富有想象力的突破性解决方案。

提问与反思检查表

- 我们使用开放式的、反思性的、探询性的提问了吗？
- 我们的提问是新颖的、澄清性的、及时的、支持性的吗？
- 我们避免使用封闭式的、多问题式的和诱导性的提问了吗？
- 人人都参与提问了吗？
- 在通过提问重构问题之前，我们是否跳到了解决方案的制定上？
- 我们提问的目的是为了解决问题还是为了印象深刻？
- 哪些提问唤起了最伟大的行动、最伟大的学习？
- 在提问和评论之间有反思时间吗？
- 倾听是积极开放的，还是评价性的和漫不经心的？
- 我们对于人们说的话进行过滤了吗？
- 我们没有打断别人，一直在倾听吗？
- 我们如何鼓励别人提出新颖的问题？
- 我们把彼此看作学习资源吗？
- 我们对于所说的内容给予了解释，而非准确的回应吗？
- 我们所做出并传达的假设超出所说的内容了吗？
- 在倾听对方和我们自己时，我们的兴趣水平如何？
- 我们对新的做事方式持开放态度吗？
- 产生新见解了吗？人们对所提供的多样化提问和意见进行关联了吗？
- 我们对于自己和他人的诚信度如何？
- 我们倾听的是回应还是理解？
- 我对小组成员的学习支持度如何？

第五章

采取行动

采取行动,并从行动中学习,是行动学习的重要组成部分。在本章中,行动既包括行动学习会议中发生的行动(重构问题、确定目标、提出策略),也包括发生于行动学习会议之外的行动(测试、获得支持和资源、获得更多的信息、试点、实施策略)。除非采取了行动,否则小组不能确定其策略和思路是否有效,事实上,也不能确定作为一个小组共同工作的成员是否真正获得了学习。

> 人们必须从干中学,因为尽管你认为自己知道,但在尝试之前,你根本没有把握。
>
> ——索福克勒斯(Sophocles)

行动学习的公理是:"没有行动就没有真正的学习,就像没有学习就没有行动一样。"我们只有采取了某种形式的行动,学习才有意义。因此,要让行动学习的威力充分展示出来,一个或多个行动学习小组成员必须有权自己采取行动,或者确保他们的建议得到实施(Yeo & Marquardt, 2013b)。

提升知识与学习的质量和范畴是行动学习过程中固有的组成

部分。组织应该尽一切努力为行动学习小组提供机会，让小组成员能够从自己的策略、试点和计划实施中进行学习。行动强化了个人和小组的学习，因为行动为提问和反思提供了基础。当小组成员对发生在小组内外的行动进行评估和反思时，他们可以确定成功的层级，促进小组知识的提升，并且改善今后的行动。从行动中所获得的学习，不但可以用于解决当前问题，还可以在今后的任务和挑战中应用。

解决问题的方法

小组和个人可以选择两种截然不同的方法来解决问题：分析性/理性方法与综合性方法。分析性/理性方法的支持者认为，问题总有一个正确的解决方案，小组应该基于对现状的仔细分析，然后以符合逻辑的方式确定问题的原因并提出解决方案。

综合性方法的倡导者则相信可能会有多个正确答案。伴随着行动的学习与在行动过程中的思考和学习同等重要。解决问题只是一部分目标；从机会中进行学习也是目标。小组尝试着以全面的方式来收集各种观点，整合各种可能性。直觉、开放式提问和自由的协同都是综合性方法的工具。应用综合性方法，发现问题与其解决方案之间的关系，不但对于当前的问题有价值，对于未来的问题也有价值。表 5-1 总结了这两种方法的差异。

表 5-1 解决问题的方法

分析性/理性方法	综合性方法
一个正确的答案	多个好答案
思考与行动割裂	思考需要行动，存在于行动中

续表

分析性/理性方法	综合性方法
目标是解决问题	目标是好的策略和好的学习
明晰的问题定义——假设和线性的因果关系	发散的问题定义——课题和多种因果关系
派系分析，简化；排除可能性，特定的提问；确定性与顺序性的提问	集合观点，全盘考虑；整合可能性，开放式提问；联想、直觉；同步性
目标是找到解决方案；答案的质量	目标是发现相互关系；理解的质量

解决问题中的系统思考

有效并持久地解决问题和制定策略必须以系统思考为基础。与线性思考不同，系统思考基于这样的概念框架：允许我们看到模式，并发现如何有效地改变这些模式。基于混沌理论，系统思考的关注点是看到整体画面（使用整体思维），它提供了一个让我们看到事物之间的相互关系而非线性因果关系、观察基本结构而非事件本身、发现变化的模式而非固定时点的状况的框架（Senge，1990）。"系统领导者"是指那些凭借其在系统思考方面的优势，能够在组织内培育集体性领导力的人。他们擅长观察更大的系统，促进反思，能够从被动视角转向以未来为中心的视角（Senge, Hamilton, & Kania, 2015）。

系统思考认为，对组织的一个组成部分产生的影响，会影响到其他组成部分，这种影响方式有的是在计划内的，有的是在计划外的，甚至有时会出现令人惊讶和难以预料的后果。因此，规模虽小但有针对性的行动如果发生在合适的时间、合适的地点，并有充分的杠杆，就可能会导致重大的、持续性的变化（Gharajedaghi，1999）。

系统思考的基础是量子物理学，而线性思维的基础则是牛顿物理学。线性思考是机械化的、缓慢的、狭隘的。线性思考认为，对待问题就像对待环境一样，问题是可以预测的，其因果关系可以被识别、区分出来。

行动学习之所以有威力，其中一个关键就是系统思考的使用，以及培养系统型领导者的能力。行动学习认为，百年前的牛顿物理学已经无法解释现实世界了。行动学习认识到，尤其是在当今迅速变化的环境之下，旧的思考和解决问题的办法已经不再起作用了。因此，行动学习利用的是量子物理学、混沌理论和系统思考的理念和方法。

多样化的小组成员利用反思性探询来解决复杂的问题，这是系统思考领导者实践系统思考方法的方式，而这种系统思考主要体现为能够有效地解决问题，并提出有力且积极的行动策略。在行动学习中，小组成员进行的提问、展现出来的多样化视角，都是系统化应对各种复杂性的方式。通过一层一层的提问以及对于这些提问的回答与反思，小组成员能够透过现象看到根本原因，探索各种各样的观点。因此，从方法论的层面来说，行动学习是一种更为全面、更综合的方法论。

量子物理学与行动学习

在三个世纪左右的时间里，整个世界和工作场所都是依据牛顿物理学（牛顿物理学是研究因果关系、可预见性与确定性、清晰的整体与部分、可看得见的现实的物理学）建立起来的。牛顿物理学是一种量化决定论、线性思考的科学，认为未来是可控的。总之，世界的变化不会太快或者不会以意想不到的方式进行。在牛顿学说的心智模式中，人们认为世界是可以预测的，他们努力为这个可预测的世界做出复杂的规划，不断地寻找可以更好地客观感知世界的方法。这种机械化的、还原论的思考和行动方式主宰着我们的生活，一直到20世纪20年代阿尔伯特·爱因斯坦和其他物理学家引入了量子物理学为止。《领导力和新科学》（Leadership and the New Science）的作者玛格丽特·惠特利（Margaret Wheatley，1992）指出，在当今世界，这种古老的、批判式的心智模式"禁锢了我们所有的人"。

量子物理学是在亚原子层面上看待这个世界的，是在那些看起来好像是互不相干的事件中找到错综复杂的模式。量子物理学认为，事实上，宇宙及每一个物体都有广阔的空间，在该空间中充斥着场和运动，而这些场和运动正是宇宙的基本物质。物体之间的关系以及观察者与物体之间的关系决定了现实世界。量子宇宙环境中的关系是丰富的，是一个混沌的世界，是一个过程，而不仅仅是对象和事物。量子物理学处理的是波和全息图，其中充满了惊喜，而不是预测。基于对量子物理学的理解，组织和团队意识到，他们不能肯定地做出预测，混沌正是现实的组成部分。量子物理学的现状要求我们必须改变自己解决问题和思考的方式，以及应对秩序与变化、自治与控制、结构与灵活性、规划与流动的方式与方法。

建立解决问题的时间框架

行动学习小组所要解决的问题或任务具有真实性和紧迫性，因此有明确的解决问题的时限。由于行动学习小组面临时间的限制，解决问题的机会可能只限定在有限的时间范围之内。因此，行动学习小组应快速审慎地完成自己的工作。

根据外部压力和内部期望的不同，需要做出决定或策略的时间可能在几个小时或几个月不等。因此，小组会面的时间可能只有30分钟，也可能长达3个小时。如果目标时间是一个星期且问题比较复杂，在整整一个星期内，小组可能需要每天会面8个小时。另一方面，如果决策并非迫在眉睫（例如，在本财政年度结束时削减10%的成本），或者决定和策略比较复杂，并涉及许多内外部人士，小组可能需要在持续几个月的时间里定期会面，而且是兼职进行的，也许每周会面一次，一次几个小时。因此，根据具体情况，行动学习小组可以是全职的，也可以是兼职的；可以是一个单一的会议，也可以在持续几个月的时间里进行多次会议。

在某一段时期内，每天8小时全职投入项目，可以让行动学习小组对分配给他们的问题或危机做出快速的响应。他们不太可能被其他工作职责打断。高层管理人员应该设法延迟他们的其他工作或将这些工作委派给其他人员，以便使小组成员能够集中精力解决问题，提出策略。全职行动学习小组有两个缺点：

● 在会议期间或会议之间，可能没有足够的时间来收集和确认需要的信息，来创建或维持组织内部的必要支持，或者对策略进行测试；

● 可能没有足够的时间或机会为个别成员提供运用其学习成果的机会，或观察他们在领导力和专业能力方面的成长。

在一个较长的时间段内召开几次碰面会的兼职行动学习小组的优劣势则正好与全职行动学习小组的相反。兼职小组会议的明显好处是可以在会议之间采取行动，可以报告进展情况，可以观察到存在的困难和挫折，并对这些困难和挫折进行反思，从而提出解决问题的新策略。此外，学习可以在一个较长的时期内发生，成员们能够更好地看到自己、团队或组织的学习成果，并建立对于自身、团队及组织的信心。兼职小组的缺点包括：

- 成员之间的团队精神或热情会随着时间的推移而消失；
- 问题不能在一定的时间框架内得到重构和解决；
- 问题发生的背景会有变化，组织或个人不再认为所解决的问题具有紧迫性。

让通用电气公司的行动学习更为成功

在通用电气公司，为了更成功地解决问题，为所有行动学习项目建立了下列准则：

1. 每个行动学习项目都需要有持续的、高级别的倡议者，否则该项目就不能做。

2. 每个行动学习小组应该有一个真正的业务问题或机会，且定义和范围是明确的。

3. 高标准的规划时间对于每个行动学习小组的成果和成功来说至关重要。

4. 公司领导者和行动学习成员对于行动学习必须有很强的承诺。

5. 在整个行动学习项目期间，持续的跟踪工作至关重要。

6. 保持员工参与实施非常重要，而且必须设立检查点。

7. 领导者必须确保员工获得实施行动计划所需要的支持。

8. 必须确保不会与组织中其他正在进行的工作有重叠或重复。

9. 发起人应该积极回应行动学习小组提出的建议，除非这些提议不合法、不道德或者越界，在这种情况下，发起人需要对这项建议进行修正。

10. 在给行动学习小组布置任务之前，应该对什么可以改变、什么不可以改变（财务、人员数量、技术更新、客户等）有明确

> 的边界条件。
> 11. 高层管理人员对于行动学习是如何运作的应该有一定的理解。

行动学习解决问题的阶段

在行动学习中，小组从最初的研究问题到最后的实施策略，要经过四个阶段（见图5-1）。前两个阶段是诊断阶段，在此期间，小组对究竟要完成什么任务、什么阻碍了组织实现目标，以及如何克服这些障碍进行探询性提问。后两个阶段包括采取行动，是提出策略和实施策略的阶段。关于每一个阶段之后的收获，以及测试和实施的行动是否可以用于该组织的其他方面等相关内容，将在第六章中讨论。

图5-1 行动学习的阶段

第一阶段：重构问题

在解决问题时，理解问题是最重要的一步（为错误的问题找到解决方案并没有什么价值呢），但大多数的个人和小组急于寻找答案。这是一个自然且正常的冲动，因为大多数人对于模糊性会感觉不舒服，想要去避免。在行动学习的环境之外，领导者通常会给出方向，人们会习惯性地立即去寻找答案。因此，大多数小组会忽视问题的澄清阶段，最终要么因为对问题的诊断不同而对解决方案达不成共识，要么正确地解决了一个错误的或不太重要的问题。这两者都会给个人、团队或组织带来灾难性的后果。因此，行动学习小组应该花一些时间对问题本身达成共识，这一点非常重要。

行动学习通过对于提问的明确坚持，迫使小组把最重要的时间花费在理解问题及其背景和条件之上。在小组成员通过提问彻底就真正的问题达成共识之前，教练不允许小组进入解决方案和策略提出的阶段。

在行动学习中，我们认识到，所描述的问题可能既不是真正的问题，也不是最重要的问题。各位成员对于这种可能性必须保持开放的心态。布劳克（Block，1999）指出，初始问题很少是最关键的问题。只接受了初始问题的小组往往最终解决的只是表面问题，是不重要的问题，即使解决了这个问题，也不能真正解决面临的困境。行动学习中所运用的系统思考和多样化的观点，允许小组彻底揭开真正问题的层层伪装。

行动学习还认为，问题只有通过提问过程才能被小组所理解和认同。最初所描述的问题必定包含着假设、期待、偏见、症状以及描述者有局限性的视角。通过提问和反思，小组逐渐对将要花费精力去解决的关键问题和相关目标达成共识。正是在澄清理解和达成共识过程中的提问而非争辩，让小组成员能够以系统的视角看到问题的全貌。

经验丰富的问题解决者认识到，在澄清问题、找到关键问题的过程中，在趋同之前必须先要发散，在观察每一棵树木之前必须先看到整个森林。要正确地探讨问题，小组应该检查可能的原因和后果，以便找到问题的根源，而非仅仅关注所观察到的症状。

"只在回答提问时才进行陈述"这一基本准则，在问题解决的阶段非常关键。提问，而不是立即提供解决方案，可以使小组破冰，也可以消除问题描述者的防卫心理。通过这种方式，大家明白，理解问题不再仅仅是描述者自己的责任，而是每个人的首要任务。提问有助于揭示问题的本质，会让小组用系统的视角来看待问题及其产生的背景。当问题仍不清楚，并且没有人有现成的解决方案时，提问可以引发新的思考和可能性的策略。不知不觉中，潜在的解决方案的种子就被种下。因此，在行动学习中，小组成员在探询问题的同时，就已经在得出解决方案了。随着问题的逐步清晰，可能的见解和解决方案自然会出现。

当小组通过提问来澄清和理解所描述的问题时，问题就逐渐被重构了。根据迪尔特（Dilt, 1999）的说法，重构问题可以通过改变感知问题的环境，帮助人们重新解释问题并找到解决方案。重构通过新背景的输入，转换了问题的意义；通过从不同的角度来观察问题，使问题得到了重新诠释。这对于帮助我们解决真正的问题非常重要，因此，一旦问题被解决，就意味着它真的得到了解决。重构问题的方法有两大类型。一类是重构内容，它改变了一个人面对不同情形的方式；另一类是重构背景，通过改变外界刺激的意义，帮助个体用全新的方式来觉察环境。

> 通过"行动中的领导力"项目,我给小组带来的初始问题变成一个更为全面的战略业务问题,这个问题实际上成了在公司层面上所推动的一系列重大倡议的开端。我是从一些散点开始的,但带着非常多的收获离开。
>
> ——道格·帕克(Doug Park)

行动学习教练往往在问题重构阶段相当活跃。在会议的开始阶段,或者在多问题式小组中每个人陈述问题的开始阶段,教练会请问题描述者根据他观察到和感知到的情况,利用几分钟的时间来描述一下问题。接下来,在允许小组设定目标和提出策略之前,教练要检查是否每个人都对真正的问题达成了共识。检查的方法是请每个人写下他认为的问题是什么,然后请小组成员说出他们所理解的问题,如果确定小组达成了共识,就可以开始下一个阶段;如果没有,则要继续确认和重构问题,直到达成共识。

问题描述者对于问题的看法并不一定比第一次听到问题的小组成员的看法更好。事实上,问题描述者对于真正的问题往往理解得最少,因为他会沉溺于细节,无法具备明确清晰的观点。

此外,组织或问题描述者要授权行动学习小组根据系统的检查来重新定义问题,这一点非常重要。因此,小组成员有责任解决真正的和最关键的问题,而不是仅仅被动地接受最初向他们描述的问题。

澳大利亚唐纳集团价值 3 600 万美元的行动学习解决方案

唐纳集团是新西兰、澳大利亚和亚太地区基础设施、采矿、金属和能源行业的主要服务供应商。唐纳集团在全球拥有超过 19 000 名员工,在实体基础设施资产的整个生命周期内,从前端的咨询和设计,到创建、运营、维护、升级/扩展和最终退役,为客户提供全面的服务。

该公司的一个工地围绕着公路运输之前及之后的燃料燃烧改进问题开展了一个行动学习项目。行动学习小组分析发现,卡车在装载比较松散的物料时,并没有达到最大的载重量。然而卡车托盘不能再承载更多的材料了,因为托盘的后面和侧面已经开始掉落物料了。通过一系列的提问和反思人们发现,通过改变坡度角(材料在向下滚动或散开之前可以达到的角度),为卡车创造更大的侧面,每辆卡车的平均承载吨位可以显著增加。这是行动学习项目的一个突破。

因此,公司建立了一个道路分析控制系统(RAC),该系统可立即告知挖掘作业人员每辆卡车所承载的重量,从而确保每辆卡车的最大有效载荷。这使得每辆卡车的有效载荷显著增加,总装载成本也相应降低。这一措施在唐纳集团的各种采矿项目中开始推广,每辆卡车的有效载荷进一步提高,投资回报也有了更大的提升。据计算,唐纳集团从这个项目中所获得的收益超过3 600万美元,而且这一数字还在增长!

第二阶段:确定目标

在小组就问题(现实状态)达成共识后,注意力就转向了确定目标(期望状态)。如果问题与最初所提出的问题不同,那么,解决问题的目标也会与最初所期望的目标不同。要注意的是,在某些情况下,行动学习小组拿到的是一个目标,而不是一个问题,因此,他们在最初要返回去找到阻碍组织或个人实现这个目标的可能障碍。

带着在确定问题和达成共识的过程中产生的信心，小组已经做好了迈入下一个阶段的准备。对问题保持关注并不能使组织到达要去的地方。问题给小组带来了紧迫感，但这种紧迫感最终产生的是消极和能量消耗，除非小组开始关注预期的未来。

构建目标可以使小组以三种方式发生转变：从问题框架转变为成果框架；从"这是不可能的"框架转变为"当–如果"框架；从失败框架转变为反馈框架。当小组开始进行目标陈述时，他们：

- 从"什么是错的"转变为"我们想要什么"；
- 从"是什么原因造成的"转变为"我们有什么资源"；
- 从"什么太贵了"转变为"我们能担负起什么"；
- 从"浪费时间"转变为"我们如何明智地使用现有资源"；
- 从"感觉我们的想法不起作用"转变为"我们如何实施想法"；
- 从"不现实的规划"转变为"如何使规划更实际和具体"。

小组在选择目标时要勇敢一些，选择最具战略意义的目标，要具有持久力，用最好的结果来解决实际问题。如果小组仅仅接受了给定的问题或任务，就会因为没有明确所需要的长期目标而给组织造成伤害。同样，这也会给小组成员本身造成损害，因为他们错过了深入研究真实问题和目标的机会，也无法从这次经历中获得学习。

目标应该是高水平的且符合 SMART 原则

有时，行动学习小组可能设定（或被赋予）一个中庸的目标，这个目标只能给个人、团队或组织带来一些小的、具体的益处。这类目标不具有挑战性，不能检验出小组突破性改善现状的能力。这种低水平的目标还会在组织中的其他地方引发意想不到的问题。

高水平的目标令人振奋且具有挑战性，会给整个系统带来积极的影响。高水平的目标能够延展思想和行动的可能性，能够放大创意的空间，使小组的思想超越显而易见的线性的答案。高水平的目标高度关注未来，从而激发出更多的能量和更长远的心智模式。

低水平目标和高水平目标的影响可以通过一个学校的例子加以说明。某个班级有一个成绩很差且具有破坏性的学生，老师把目标确定为把他改变成一个成绩好、行为好的学生。她采取了一系列措施，包括在这个学生及其父母身上花费更多的时间；只要该学生有一点点进步就给予奖励；建立更严格的课堂纪律等。几个月后，她很高兴，因为她达成了改善这位学生的学业和行为水平的目标。但她也看到了一些不期望看到的后果：其他学生在课堂上变得心烦意乱，甚至被激怒了，因为比起那些成绩好且行为好的学生来说，这个成绩差且行为不好的学生得到了更多的关注。学生们开始抵制那些限制他们的自由和乐趣的新规则，他们向自己的父母抱怨，父母也因为这种课堂管理方法开始"炮轰"老师。

如果老师建立一个高水平的目标，如"让课堂成为所有学生的好的学习环境"，其效果就大不相同了。因为这是一个更加鼓舞人心的目标，所以能够创造更多的资源（如学生之间的互相帮助），鼓励新的教学方法，而且也能够满足行为和成绩方面的需求。在这种目标的长期浸染下，其积极的影响将会扩展到课堂之外，影响学生和教师生活的其他方面。

这就是高水平目标的威力和好处。当行动学习小组到达目标制定阶段时，应该问一些未来导向的问题，例如，"我们希望看到的理想状态是什么？""理想的未来是什么样的？""当实现这个目标时，我们希望看到或感受到什么？"等等。对于这些提问，即使没有给出即时的回答，也往往会带来伟大的想法、学习和行动。

此外，要认识到，最好的、最终的目标在这一阶段可能并不会充分明确下来，这一点也很重要。在行动学习小组提出策略或重新思考问题和障碍时，目标可能会变得更加清晰——这正是以系统的方式解决问题的体现，而不像用线性方法解决问题那样，从问题到目标到策略再到行动，以直线的方式向前推动。

当最终目标确定下来时，这个目标对于个人、小组和组织来说应该是令人兴奋且有意义的。而且小组应该尝试建立符合SMART原则的目标，即具体、可衡量、可实现、现实和有时间限制。当提出这样的目标并达成一致时，小组的创造力和凝聚力会进一步增强。

无权放弃错误的信念，就无法引入正确的行动。

——雷吉·雷文斯

第三阶段：提出策略

在行动学习的第三个阶段，小组会提出策略。这些策略既与需要完成的工作有关，也与团队对问题发展状况的看法有关。如果小组在第一、二阶段就问题和目标达成了共识，对策略的共识就会比较容易达成。

在第二阶段，小组确定了目标或期望的状态。在第三阶段，小组围绕着达成目标所需要采取的行动展开具体研究。在这个阶段，通常来说，要提出那些进一步挖掘目标和推进行动的提问。例如，"达成目标需要多长时间？""我们需要哪些人加入？""我们需要什么资源?""这个行动会有什么影响?""我们如何衡量是否取得了进步?"雷文斯（Revans，1983）把行动学习的这一阶段描述为：没有人知道正确答案，但所有人都不得不寻找答案。

在形成行动计划过程中，有两个不同的领域需要关注：

- 对于问题来说，行动适当吗？
- 在给定的时间内，行动具有可行性吗？

如果策略不适当或者在给定时间内不具有可行性，就无法实施。同样，如果行动学习小组不能确定那些"谁需要知道、谁会关注、谁能提供支持"的利益相关者，策略也不可能得到实施。换言之，小组需要确定谁拥有把事情做成的信息，谁具有跟进所提出策略的激情和承诺，谁拥有确保商定的策略得以实施的权力。这些人对于实施和支持小组提出的策略非常关键。如果小组的计划不恰当、不可行、没有得到正确的利益相关者的支持，那么计划将永远只是一个计划。

在剖析策略时，小组应该确定阻碍个人、团队或组织达成目标的障碍。小组须明确哪些障碍是最关键的，哪些障碍被克服会带来最大的收益，哪些是可变的，哪些可以暂时搁置。重要的是，小组要以系统的方式来剖析这些提问。

许多小组使用脑力激荡来产生创意。然而，这种方法是建立在运筹学方法之上的。尽管头脑风暴有时会用于行动学习，但这种方法本身通常会产生一长串的可能性，其中大部分是不切实际的。而行动学习依靠每个人的提问来提出策略，这种方法建立在混沌理论和系统思考的基础之上。这种做法更强大，耗时更短。对于策略的产生采用提问的方法，始于好的、伟大的可能性，因而会带来好的、伟大的策略，这些策略建立在对混沌中的复杂问题的理解之上，不但剖析了问题的内容，还剖析了问题产生的环境。

在小组解决问题的过程中，另一个频繁出现的状况是，个人会提供与他们的经历、成功、失败等相关的趋势。在行动学习中，我们力求推动人们从传递细节转到分析性沟通，其原因有两个：细节会使小组减慢速度；会让人们关注讲故事的人而非问题和目标。

小组往往需要提出一个以上的策略，然后进行测试。多个备选方案会提高获得更好的行动和结果的可能性。在考虑各种替代方案时，行动学习小组应该认真剖析问题，例如，每种备选方案的现实性和成本效益，这些备选方案会引起哪些新问题，哪些方案能够获得取得战略性成功所需要的热情和有权力、有相应知识的利益相关者的支持。

在考虑和提出行动策略时，大多数问题解决小组会使用雷文斯（Revans，1983）所称的"程式化知识"（他们带到小组中的知识）。程式化知识往往是过去经验的体现，因此不可能精确地与新问题或新情况的独特需求相匹配。行动学习过程将每位成员所拥有的程式化知识与会议中通过提问所产生的新知识和技能结合。这些新知识能够使行动学习小组在提出创新性的、高影响力的策略方面更加成功，而这些策略明确地回答了正在解决的问题。

只要有可能，就要测试计划和策略的影响与效果。我们应该选择那些对于个人、团队或组织来说具有最低成本的最佳杠杆性策略。如果运用系统性思考方式，小的、重点突出的行动会产生显著且持久的改善（例如，在航天飞机升空前调整几毫米的方向，比起调整在太空中数千英里外的航天飞机来说，方向的改变会更大）。

然而，这种具有较大影响的变化对于身处其中的人来说感受往往并不明显。因此，我们往往倾向于选择那些在时间和空间上更接近我们的策略。在行动学习小组中或者在会议之间对策略进行测试，是在下一次会议中调整或提出新计划的最后机会。

对行动进行试点，可以最大限度地保证小组在采取行动时取得最终的成果，同时也可以提供更高水准的学习。当然，行动学习中也有一些偶然性的风险，但这些风险是审慎的风险，因为它们是在了解了关于可能的后果大量的信息之后所冒的风险。行动学习理论认为，最重要的学习发生于小组成员对他们的行动结果进行反思之时，而不仅仅是对其规划进行反思之时。只有在实践中检验想法，成员才会知道策略是否有效、是否忽视了一些问题、应该提出什么样的疑问、他们能学到什么，以及如何在这个项目以及其他项目和活动中加以运用。

行动学习在一所小学的成功

简·方克（Jan Funk），校长

对于位于弗吉尼亚洲的哈雷小学来说，行动学习是帮助其工作人员解决一系列重要问题的绝妙引擎。行动学习的一个主要应用是提升考试成绩。在4个多月的时间内，工作人员以小组的方式会面（小组包括教师和工作人员），以确定哪些方面进展顺利，以及为了提高考试成绩哪些方面需要改变。他们成立了8个学习小组，以研究各种方案、模型和策略。在当年年底，每个小组向全体工作人员分享了他们的研究成果，我们选出了以下两个最为关键和具有战略性的挑战。

● 应对碎片化时间。在五六年级，碎片化教学时间是一个重大问题。乐队、合唱团、天才班、巡逻等活动将教学时间分成了好几块。课堂管理占据了教学的大量时间。学校成立了两个行动学习小组来解决这些问题。志愿者在夏季召开会议，对于如何通过改进时间表来减少碎片化感到一筹莫展。经过几次会议后，一个完善的时间表出现了，现在教师们有超过四个小时的不间断教学时间。

● 保持积极的课堂行为。另一个行动学习小组攻克了如何保持积极的课堂行为的问题。在约翰·霍普金斯大学的帮助下，行动学习小组提出了面向整个学校的积极纪律项目。这个项目为教师提供了一些全校统一使用的战略和技术。学校成立了一个行为支援小组，与那些在处理棘手学生方面需要额外帮助的老师协同工作。学生和家长通过小组设计的一个手册了解到这些情况。最后，这一行动学习项目的结果是纪律问题大大减少。

哈雷小学不但通过行动学习成功地解决了这两个主要问题，而且教师领袖开始出现，每个人都感到自己是学习文化的一部分。教师的成就感及测试分数均得到了提升，而且哈雷小学还被评为弗吉尼亚州最好的小学之一。

解决问题及制定策略的系统与工具

根据雷文斯（Revans，1971，1982a）的说法，在行动学习中，解决问题的背景包括他所说的 α 系统、β 系统和 γ 系统。

● α 系统类似于情境分析。小组成员需要了解问题所在的系统。他们必须参与到对价值体系的性质的考查之中，这个价值体系既包括影响决策的外部系统，也包括管理者工作于其中的内部系统。

● β 系统是指解决方案的谈判和实施，包括调查、假设、实验、审查和回顾。这个系统与认知、表面接受、重复、验证和坚信的学习系统相同。

● γ 系统是指环境中的个人、团体或组织的心理倾向。个人和团体必须不断地检查他们对于应该发生的事情和实际发生的事情的期望。如果他们能够识别出自己最初认为的条件与实际条件之间的差异，就能够相应地改变这种感知，这时就可以说，他们是在学习。

除了与提问有关的基本准则，行动学习并没有说明解决方案是如何发生的。因此，小组在策略阶段可以引入任何问题解决工具，以支持成员提出创造性的策略。这些工具包括合理性分析、审计方法、双Q值图、帕累托图、力场分析和思维导图。与提问一起使用，这些工具可以带来创造性、高影响性的变化。

第四阶段：采取行动并从行动中学习

采取行动是行动学习小组工作的重要组成部分。尽管有些小组可能只被委派提出建议，然后在任务结束时将建议提交给企业的发起人，但他们仍然会在每一次行动学习会议上以及会议之间采取行动，而且还要在行动学习会议期间做出决策。

每一次会议之后的行动非常重要，因为如果小组不定时采取行动，投入度和学习的效果就会削弱。如果在会议之间不采取行动，小组可能会觉得问题并不紧迫，他们是在浪费时间。在接下来的会议中，小组在解决问题时热情就会减少，在制定行动策略时，其创造性就会降低。雷文斯（Revans, 1983）指出，正如一个人如果不实际上手打网球就无法学会打网球一样，除非个人或小组有机会实施策略，否则就不可能获得学习。因此，在每一次会议结束时，小组应就将要采取的具体行动达成一致。提出的行动要涉及谁、什么行动、在哪里、何时以及如何测量行动结果。这些行动应该被记录下来，然后在下一次行动学习小组会议的一开始进行汇报。

小组必须考虑各种备选方案的整体影响,以防止所采取的行动引起其他出乎意料的问题。这就是为什么行动学习小组要对可能的策略进行试点,以研究这些策略的影响并从中学习的原因。在整个问题重构和策略提出的过程中,小组要剖析有哪些关于权力、热情和知识的潜在资源,并将这些潜在资源开发出来,以保证所有的计划全面实施,而不只是停留在一个好的想法上。外部的资源和联系人也需要尽可能明确下来。

为了确保小组或个人在会议结束前提出所要采取的行动,教练在问小组成员将要采取什么行动之前,需要提醒小组还有多长的讨论时间。如果教练感觉小组会议要超时,他要在总结会议成果之前提醒小组提出所要采取的行动的必要性。

行动学习四个阶段的时间分配

每一次行动学习会议都有其独特的动力和流动情况。因此,每一个阶段所花费的时间和精力也会有所不同。通常情况下,尤其是当小组初次形成时,阶段一和阶段二,即重构问题和确定目标阶段,会消耗更多的时间。小组在开始寻找最有力的目标之前,需要进行资料收集和问题澄清。

许多问题解决小组也会按照上文描述的四个阶段开展工作。然而,行动学习小组在第一阶段所投入的精力要比其他类型的小组多得多。在行动学习中,我们认识到,一旦就问题达成了一致,对解决方案达成一致就非常容易了。例如,如果一个小组有 60 分钟的时间用于前三个阶段的话,其中至少有 45 分钟的时间会花在就什么是真正的问题达成共识之上。

当小组在连续几个月的时间内采用兼职的方式参与行动学习时，最开始的会议通常会全部花在前两个阶段上。在接下来的会议中，小组只需要花费几分钟的时间再确认一下问题和目标就可以了，主要是检查有没有新的情况出现，使得局势发生改变，从而产生了新的和不同的问题。如果是这样的话，目标就有必要调整。一般来说，在随后的会议中，大部分时间会花在第三阶段，即提出和测试策略上。

与行动学习不同，问题解决小组通常会很快进入提出策略阶段，因此会花大量的时间，基于成员对于问题的理解来确定策略。但是，如果每个人对问题的理解存在差异，就会面临很大的挑战。没有对问题的共同理解，要达成对目标的共识会非常困难，更别说对实现目标的策略的共识了。反之，如果就问题达成了共识，就策略达成共识就变得容易了，而且会节省很多时间。

利用行动学习为公立学校提供资金和制订培训计划

费尔法克斯县公立学校（FCPS）的8名工作人员，包括校长、教师和人力资源部员工，只有两个小时的时间来开会，以制订出一个针对校长和助理校长的长期培训计划。尽管一些成员在行动学习会议的初始阶段有些不耐烦，但小组仍然坚持并继续专注于确定真正的问题和真正的目标。大家花了60多分钟才就真正的问题和最重要的目标达成共识。但在最后的30分钟内，该小组确定了四项大家一致认同的策略，并制定了项目的大纲，最终从《读者文摘》基金会为FCPS的领导力发展计划募来了500万美元资助。

解决问题过程中的提问

所有类型的提问（见第四章）都会出现在重构问题、确定目标、提出策略以及采取行动这四个阶段。然而，正如图 5-2 所示，某些类型的提问在某一个阶段会用得比较频繁和自然。例如，在第一阶段和第三阶段，当小组试图找出真正的问题以及小组开始寻找可能的好策略时，提问会更加发散，往往判断型的提问会减少，会问一些开放式的、富有想象力、创造性和直觉性的问题。在第二阶段、第三阶段的后期以及第四阶段，提问会变得更加收敛，需要更多的判断性、分析性和封闭式的提问。

发散	收敛
问题	解决方案
形成概念	评估
数量	质量
想象力	分析
游离	限制
	理解力
判断较少	判断较多
开放式提问更多	封闭式提问更多

图 5-2　在解决问题过程中的提问

行动学习的行动框架

史密斯（Smith，2001）提出了一个协助行动学习小组系统化地、审慎地进行行动策略规划的框架。他指出，在行动学习中，系统的表现是以三个要素为基础的：焦点、意志和能力。系统所取得的最终绩效水平取决于这些因素的相互作用和相互依存。"焦点"代表对问题和所提出的行动的清醒认识。焦点所处理的提问是"我们试图完成的任务是什么?"也包括信息收集类的提问,如什么、怎么样、谁、在何处、何时以及为什么。"焦点"确定了所要采取的行动策略,而"意志"则代表采取行动的意愿的强烈程度。这与解决问题及参与寻找解决方案的人的态度、情感、信仰和心智模式相关,与早期关于利益相关者所表现出来的激情的讨论相关。最后,"能力"代表的是将"焦点"中所确定的想法转化为现实的小组能力。"能力"与技能、基础设施、预算、工具、实物资产等资源有关。为了说明这个框架,史密斯提供了下面两个例子:

● 在组织层面,"焦点"代表着企业进入某个市场的战略规划;"意志"会对组织支持新规划的潜在文化进行反思;"能力"则与公司进入该市场的资产状况相关。

● 在市场营销中,"焦点"代表了销售区域的划分;"意志"与销售组织的参与者和广大成员如何看待这种新的划分情况相关;"能力"涉及的则是新划分出的销售分部的人员要充分发挥其功能所需的技能和基础设施等问题。

印度乔普拉斯高等教育公司的行动学习

乔普拉斯(The Chopras)是印度的一家领先的高等教育公司,该公司开展了一个非常重要的长期组织发展项目,行动学习是该项目的基础方法。该项目的长期目标是实现主要业务的增长并为公司的IPO做好准备,短期目标是显著提高公司绩效,主要表现在关键财务指标、客户服务指标、人员指标和运营业务指标等方面。该公司在14个月的时间里,实现了收入周转率增长47%、客户满意度提高38%、生产力提高34%的好成绩,而且软性或定性的收益非常巨大。现在,行动学习已经被该公司广泛应用于问题解决、战略决策、能力开发、变革管理和员工参与等多个方面。

行动在行动学习中的威力

行动学习小组所提出的解决方案的质量是行动学习向其使用者证明自身价值的证据。正如本书中的案例和资料所示，人们使用行动学习的方法，提出了各种创新性策略，这些策略为公司节约了数百万美元、扩大了全球市场、开发了新产品和新工艺、解决了复杂的管理问题。从芝加哥到开罗、从曼谷到波士顿，行动学习在联合利华、英国航空、波音、卡特彼勒、诺华、杜邦、诺基亚等企业，以及加拿大皇家骑警等组织中取得了惊人的成绩。随着更多的公司采用，行动学习将继续帮助组织取得成功。

重构问题、确定目标、提出策略及采取行动的检查表

重构问题
- 所要解决的问题的质量如何？
- 问题被重构了吗？
- 这是一个技术性问题还是适应性问题？
- 我们给出新颖的提问了吗？
- 所描述的问题是真正的问题还是只是问题的表象？
- 我们有没有发现真正的问题？
- 解决问题的承诺程度如何？

确定目标
- 实现这一目标能解决真正的问题吗？
- 实现这一目标能持续性地解决问题吗？
- 通过目标，所取得的杠杆效应和影响是什么？
- 该目标能在多大程度上鼓舞人心？
- 该目标包括了个人、团队或组织的目标吗？

- 该目标对组织的其他目标是否提供了补充和支持?

提出策略

- 障碍已经确定了吗?
- 我们具有创造性、创新性,且跳出"盒子"思考了吗?
- 小组对于创新的、高质量的解决方案和策略的承诺度如何?
- 我们已经挖掘到了权力、激情和知识的源头了吗?
- 所需的外部资源和人脉确定下来了吗?
- 实施策略可能造成的潜在的、出乎意料的后果是什么?
- 这些是最好的杠杆和最具战略意义的选择吗?

采取行动

- 行动是每次会议的组成部分吗?
- 谁采取行动,采取什么行动,以及什么时间采取行动,这些问题都明确了吗?
- 行动会被记录下来,然后在下次会议上回顾吗?
- 策略被测试和实施了吗?
- 如果成员没有开展大家一致同意的行动,我们如何处理这种情况?
- 我们从所采取的行动中取得学习收获了吗?

第六章

个人、团队和组织学习

世界各地的组织和领导者已经认识到,学习是最重要的能力之一。在当今高度竞争和不可预测的全球环境中,复杂问题的解决需要应用新的领导力和团队技能,因此,学习和知识是最宝贵的资产。正因为如此,那些能够创造知识,并鼓励快速、相关、关键学习的项目和方法,无论是对于关注短期生存的公司,还是希望长期成功的公司来说,都具有极大的吸引力。

行动学习的威力和魅力在于,它具备在解决重要、紧迫和复杂问题的同时,强化和扩展组织的知识的能力。解决问题为组织、团队或个人(组织的认同对于建立以公司为基础的行动学习项目很重要)提供了直接的短期利益,但对于公司来说,行动学习更为强大、更为长期的价值在于,新的学习成果在整个组织和参与者的整个职业生涯中的系统应用。

迪尔沃思(Dilworth,1998)指出,对于组织来说,相比于立即解决问题的战术价值,发生在行动学习中的学习的战略价值更大。例如,解决一个特定的流程再造问题可能价值100万美元;在整个组织中推广运用该知识价值1 000万美元;而运用小组成员在行动学习项目中开发出来的新的领导力和团队技能，其价值则高达1亿美元，因为只要这个人还在组织之中，他就可以在其职业生涯中应用这些新的技能。这些开发出来的技能在组织中的综合应用会形成成倍的杠杆性影响力，从而促使公司发生变革，使公司能够利用强大的竞争优势发生质的飞跃。因此，个人、团队和组织的学习，能够产生可以在整个企业中应用的巨大的、充满价值的知识。

行动学习可以产生一些特殊的、有价值的知识和学习，但收获的程度和质量并不能完全被预料到，因为这些收获是通过与他人一起工作解决实际问题、一起探索会引起积极变化的知识来实现的。行动学习过程会持续强调学习本身，因为正是团队不断取得的学习收获，最终让问题的解决和决策的制定更加有效。

> 在变化的时代，学习者将继承世界，而认知者仍在为不存在的世界做准备。
>
> ——埃里克·霍弗（Eric Hoffer）

学习的责任和益处

鉴于学习所具有的价值，我们在第一次会议上就会告诉行动学习小组成员，对于小组和组织来说，他们的学习与解决问题有同等重要的地位。无论是个人还是团队，如果能够变得更加智慧，就更有能力取得突破性的思维和突破性的解决方案。因此，作为行动学习项目的一个关键部分，个人要担负起为自己、团队和组织学习的责任。行动学习教练会事先告知小组，要留出专门的时间来学习，教练会管理这段学习的时间。

迪尔沃思是行动学习的早期开拓者之一，他强调学习对于长期能力建设的重要性（Dilworth，1998）。他写道："当明天的挑战来临时，我们要想避免用昨天的解决方案来应对今天的问题，就有必要具备新的思维、进行新的学习。"

> 我们拥有了经验，却错过了意义。
>
> ——埃利奥特（T. S. Elliot）

西门子的加速工作和学习

彼得·普里比拉（Peter Pribilla），企业人力资源负责人

学习和运用新知识的速度是一个企业能否取得成功的决定性因素。但是，只有学习或只有工作还不够，学习和工作必须结合起来，行动学习非常有效地解决了这一挑战。

创造和捕获学习

在行动学习过程中，有一系列能够产生高水平学习的条件和环境。在这些条件和环境中，影响最大的是由行动学习的六大要素，尤其是来自小组成员和行动学习教练的反思性探询所营造出来的环境，这些环境是经过精心策划、创建和维护的。正如第一章中所指出的，

当行动学习教练感觉到小组有学习的机会时，他拥有随时介入的权力和责任。通过一系列的反思性提问（将在第七章中详细说明），行动学习教练为小组完成学习的过程提供指导。教练能够帮助小组成员在以下几个方面更具有意识和能力：获取新的知识和信息；用不同的方式进行推理；在小组中的行为更加有效；对于动机有更深入的理解；改变信念、价值观和基本假设；更具有创造性；对于系统的感知；如何学习等。

教练提供了一个可促成反思和学习发生的安全的环境或"实验田"。在小组内，脆弱、学习和承担风险都是安全的。在小组内或解决问题的过程中，失败被看作学习的极好机会，而不是需要隐藏或忽略的事件。小组成员被鼓励去识别所有潜在的可以提供学习机会的情形，个人也有时间来反思他们对小组的有效性和帮助性。问题和危机变成了学习和发展的宝贵机会（McGill & Beaty, 1995）。

小组中的每位成员都知道他们不但要解决问题，还要从中学习，所以他们对学习就有了一定的期待和计划。认知与技能的改进是对学习的奖赏。我们期待小组成员对于每个人的学习都有一定的贡献，紧迫且重要的问题则被看作提高学习能力的能量发动机。

提问过程为学习提供了生理和心理方面的条件，并增加了学习的机会。此外，需要采取行动这一点，又强迫小组成员在现实中检验自己的想法和理论。既然期望并鼓励大家去学习，小组环境就要有利于变化和成长。正如桑德兰斯（Sandelands, 1998）所观察到的，与共同负责的小组同事在一起，学习的协同效果就会产生。

行动学习鼓励自我批判式的反思和来自小组其他成员的坦率诚实的反馈。在成员讨论、分享和集思广益的过程中，小组学习就发生了，从而，一个网络构建起来大家能够在其中享受到集体协同效应的好处（Smith，2001）。

行动学习如何产生持续的反思和学习

在行动学习中，学习是持续的、无处不在的——学习在整个行动学习的过程中都会发生。库伯学习模型描述了发生在每一个阶段的提问、反思和学习的机会，这种机会既发生在小组解决问题的过程中（见图6-1），也发生在小组对其互动和活动进行反思的过程中（见图6-2）。在行动学习中，知识来源于具体经验、对经验的观察和反思、从经验中形成概念以及在新的经历中检验概念的影响。让我们来看看发生在四个阶段，以及每个阶段上的双层级的学习。

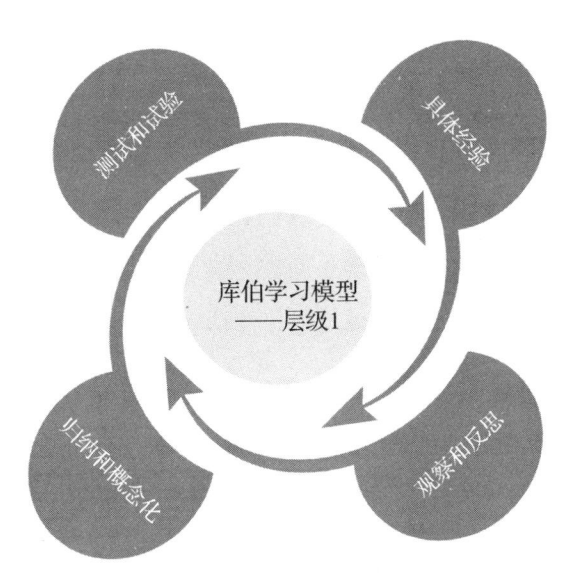

图6-1 库伯学习模型——层级1

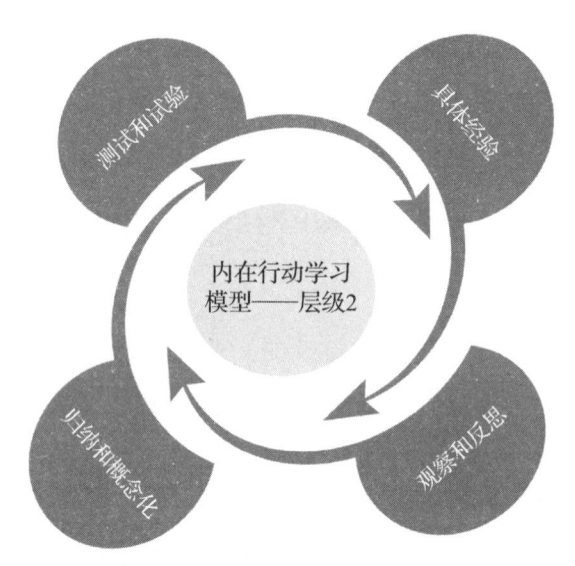

图 6-2　内在行动学习模型——层级 2

具体经验

层级 1：小组的具体经验是小组必须解决的问题或任务。在加入小组之前，小组中的一名成员或所有成员可能已经开始着手解决这个问题了。当组织（或多问题小组中的个人）依靠小组提出策略来解决这个问题时，该问题就成为整个小组的紧迫且重要的问题了。

层级 2：当小组成员共同重构问题、确定目标、提出策略以及采取行动之时，所有成员就创建了新的、真实的小组体验。在某种意义上，小组在采取行动之后又返回到这个阶段，从而产生新的、共享的具体经验。

观察和反思

层级 1：通过反思性探询过程，小组成员对解决问题和实施策略的过程进行分析，开始评估成功的程度。

层级 2：学习教练请小组反思他们在制定决策、小组互动技能及个人学习方面的质量。在自我反思及小组成员所提供观点的基础之上，新的个人和团队能力得到开发。

归纳和概念化

层级 1：在这个阶段，小组决定是否以及如何能够在组织或成员个人生活相类似或完全不同的情境中应用所提出的策略和行动。

层级 2：小组确定规范、原则和策略，以便在解决该问题或未来问题时表现得更好。此外，个人研究如何将这些概念应用于生活中的其他情境，看看是否有可能出现梅兹罗（Mezirow，1991）所描述的"变革性的学习体验"。

测试和试验

层级 1：小组对策略进行试点性测试，看看这些策略对于解决问题的有效性如何。小组还可能会在其他情境中测试这些概念的影响，并且讨论新的理论在未来的情境下是否有效。

层级 2：在行动学习教练的帮助下，小组反思如果遇到了其他的问题，经过修正后的新的行为和价值观是否会提高小组的能力。

行动学习创造的知识类型

行动学习小组在努力创造尽可能多的、解决当前和未来问题所必需的知识的同时，还力图创造和捕获以下类型的知识：

- **知道是什么**：确定需要什么知识；

- **知道如何做**：学习如何处理知识；
- **知道为什么**：确定为什么需要特定的信息；
- **知道在何处**：知道在哪里可以找到所需的信息；
- **知道在何时**：确定某种信息需要用在什么时间。

所有这些类型的知识都会在行动学习过程中的适当阶段被收集、挑选，然后以系统的方式加以运用。

隐性知识与显性知识

许多组织并没有挖掘出自己员工头脑中丰富的知识源泉或智力资本，即诺那卡（Nonaka，1994）所说的"隐性知识"（相比于存在于个人的内部知识以外的"显性知识"而言）。

隐性知识的来源包括个人的专业知识、记忆、信念和见解。这方面的知识通常难以沟通或解释，因此，只能由个人使用；因此，这些知识对于组织的潜在好处微乎其微。然而，行动学习通过反思性探询过程、对行动和学习的同时关注以及教练的提问等方式，将隐性知识转化成了显性知识，从而让团队和组织能够使用这些知识，最终形成团队和组织巨大的新资产和能力。

程式化知识和小组创造的知识

除了将隐性知识转化为显性知识，在行动学习过程中，每个人还将带入小组中的知识（隐性的或显性的）与小组内通过重构问题、提出策略、采取行动等步骤所创造出来的新知识进行有机的结合。成员带入小组中的知识（在行动学习中也称程式化知识或 P）与产生新知识的提问（Q）结合起来，持续的反思（R）则进一步产生了更加深入的学习和智慧；因此，在行动学习中，表示学习和知识创造的公式是：

$$L = P \cdot Q \cdot R$$

行动学习从小组成员及环境中挖掘相关的信息，而不是仅仅传播培训师或老师认为重要的信息。同样，知识是在其需要的地方被挖掘出来的。我们知道，经验本身是一个非常"狡猾"的老师，在大部分时间里，我们有经验，但却不能从中学习。然而，经验与小组反思相结合，让小组向经验抛出了渔网，捕捉到了其中隐藏的关键知识和学习（Smith，2001）。

行动学习开发的能力

行动学习的显著威力还在于，它能够同时在个人层面（无论是个人的专业发展还是领导力开发）、团队层面和组织层面实现学习和技能的开发。因此，行动学习可以帮助个人改善生活状态，帮助团队更好地履行其职能，帮助组织利用知识提升员工、领导者和小组的能力，更好地实现全公司的成功。

> **欧尚零售用行动学习发展领导者**
>
> 乌克兰的欧尚零售正在经历重大的变革，其管理也要发生相应的变革。在寻找能够支持组织不同层级的变革方法论时，行动学习作为一种非常优秀的综合性方法，被该公司确认为帮助组织

> 实现变革的方法论。该公司认证了 12 位行动学习大使，这些大使又训练了 350 多名合作者，在不同的工作领域中实施基于行动学习的变革计划。根据欧尚零售的高级管理人员所说，行动学习方法 100% 符合组织所设定的目标：向协作性行为转型，帮助人们培养开放的心态、富有创造力和创新精神。

领导力开发与行动学习

行动学习的一个显著方面是，在一群人面临一个没有已知解决方案的问题的情境下，每一种领导技能都可以得到实践和提升。在一起工作时，每个人都能够平等地识别潜在的解决方案——这就是学习过程中所发生的事情。

在行动学习中，由于每一项领导技能都可以得到深入快速的开发，所以，越来越多的组织开始使用行动学习来开发自己的领导力。最近，美国培训与发展协会（ASTD）的调查显示，近 70% 的组织把行动学习作为其领导力开发计划的组成部分。

既然开发每位小组成员的领导力不仅对于组织的长期发展来说非常关键，而且也会使小组变得更加聪明，开展工作更顺利，所以，我们强烈建议把领导力开发作为行动学习项目的一个正式且不可分割的组成部分。

对于每一次行动学习研讨会来说，开发领导力的一个非常有效的方法是，在每次研讨的开始阶段，行动学习教练请各位成员确定其想在研讨期间实践或验证的领导技能，并且把这些技能写在活动挂图上。在研讨会结束阶段，教练请每个人总结他在所选择的领导技能方面表现得如何，并举出一些例子。接着，教练还会请其他小组成员就该成员在其所选择的技能方面的表现给出更多的例子。

在行动学习过程中，这种领导力开发活动对于个人和行动学习小组来说有多种益处：

● 领导技能能够得到快速深入的开发，因为技能开发的四个要素在过程中都发生了：该技能对于本人来说具有重要性、实践该技能的机会、体验和感知到这种技能的人所做的反馈、对于自己在所选领导技能方面的表现进行的自我反思。

● 消除了成员之间在权力和经验方面的差异；每个人都承认自己是不完美的，需要提升；任何层级的人都可以就其他人做得怎么样提供具体的例子；通常情况下会表现出来的傲慢或优势巧妙地被降低甚至消除了。

● 它提供了一个说出每个人表现不错或积极方面的机会，从而相互建立起内聚力、信任和良好的感情。

明茨伯格（Mintzberg，2011）指出，相比于对他人的经验进行反思（案例研究），对自己的经验进行反思的力量更为强大。芒福德（Mumford，1995）指出，深入了解自己领导风格的最有效方式是把自己放在非结构化的、不明确的、有时间限制的压力之下。反思性探究和共享学习的加入，进一步增加了提高领导力意识和能力的机会。

行动学习建立在一个框架之上，这个框架旨在捕捉真实的世界，并且是以已经存在的真实世界为基础，而不是以应该存在的世界，即纯粹的、分离的、分析性的和理性的不真实的世界为基础。史密斯（Smith，2001）写道，在行动学习中，我们"在解决方案不明确的情况下，与有洞察力的伙伴一起进行思考和有见地的探询，并将实施方案的责任交到了参与者的手中,这种方式对于提升领导力尤为适用"。

开发 21 世纪所需的关键领导技能

大多数的组织理论家和实践者认为,21 世纪需要新的领导技能。那些在稳定的、可预见的环境中有效的领导风格和技能已经不再够用了。在今天的组织中,领导者需要的关键能力是什么?首先并且最重要的是,今天的领导者必须能够处理复杂的自适应系统,能够在快速变化和混沌的条件下开展工作。

组织需要那些有较强的人际互动与沟通能力,以及解决问题和采取行动能力的领导者。他们寻求的是有能力创造机会并从失败中学习的领导者。领导者在努力找到解决方案之前,必须能够确定问题和理解问题所处的环境。柯林斯在他的经典畅销书《从优秀到卓越》(*Good to Great*)中揭示出,伟大公司的领导者都是谦卑且有韧性的。

维尔(Vaill,1996)指出,今天的管理者在行动和思考方面需要具有较高的资质。他指出,自我意识及对于个人动机的敏锐理解是所有领导技能中最为关键的部分。使人们成为反思性的实践者会帮助他们成为更好的领导者。阿吉里斯(Argyris,2010)认为,反思能力是一项关键的领导技能。他指出,极少有领导者能够在行动中反思(边做边反思)以及对行动进行反思,而这种反思技能可以在行动学习中不断得到实践与开发。

情商与行动学习

对于今天的领导者来说,情绪智力(情商,EQ)非常关键(Goleman,2000,2006)。与智商不同,情商是可以得到提升与开发的。情商由五个基本的能力组成：

自我意识：观察自我及在情绪发生时识别情绪的能力。

管理情绪：处理情绪，使情绪恰当的能力；意识到情绪背后的东西；找到处理恐惧、焦虑、愤怒和悲伤的方式。

自我激励：引导情绪服务于目标的能力；情绪的自我控制；延迟满足和抑制冲动。

同理心：对他人的情绪和关注点敏感，能站在他人的角度看待问题；对于人们看待事物的差异表示欣赏。

处理关系：管理他人情绪的能力；这种能力包括社会能力和社交技能。

在波音公司开发全球领导力

1999年，行动学习开始在波音公司的全球领导力项目中应用。该项目旨在提升波音公司高层管理团队运营全球性公司的能力和领导力。行动学习项目的目标是帮助高层管理团队提升全球化所需要的三类能力：（1）最关键的能力（适应能力、全球化思考、建立关系、激发信任、勇敢、组织协调、影响力和谈判能力）；（2）非常重要的能力（形成战略、促进开放和有效的沟通、吸引和开发人才、推动利益相关者成功、展示愿景、使用合理的判断）；（3）重要的能力（推动执行、激励和授权、跨部门协作、关注质量和持续改进、财务敏锐度）。

行动学习与其他领导力开发项目

行动学习与一般的领导力开发项目的不同之处在于，它要求成员在有风险的条件下进行适当的提问,而不是寻找已经由其他人找到的答案(Revans,1982b)。迪尔沃思(Dilworth,1998)指出,在大多数组织所进行的领导力开发中,"培养的是具有技术知识,能够处理复杂问题的个体,但却从本质上偏离了必须考虑到的人性的维度。因此,领导者可能擅长裁员和重组,但却无法处理士气低落的现象及由此产生的长期挑战"。

大多数管理开发项目的局限性在于,它们通常只关注单一的维度。而行动学习却不同,行动学习的威力来自这样的事实:它不会与经理人工作环境的任何维度相割裂,相反,它是站在整个组织的高度来培养领导者的。领导者的学习内容与学习方式不是彼此割裂的,因为一个人的学习方式一定会影响到他的学习成果。

大多数领导力开发项目远离组织的环境,参与者通过案例研究来学习,但这些案例所提供的信息,要比现实世界里所能获得的信息多得多。即使一个人犯了错,也不会产生实际的后果。此外,学习者之间更像是陌生人,互相之间没有任何利益关系,没有对于提供诚实坦率的反馈的承诺。

巴斯(Bass,1985)指出,态度、假设和价值观的改变需要领导者对于自我心智模式的反思。如果心智模式没有改变,领导者就不可能改变。戴斯腾和格瑞(Densten & Gray,2001)断言,反思可以促使领导者获得见解,并充分考虑到情况的复杂性,从而促使其领导力得到提升。领导力发展的最基本要素是自我认知,寻求洞察力的习惯是重新调整自我认知能力的基础。在任何一个困难的决策中,一个重要的因素就是做此决策的管理者的个性。所有管理人员都是独特的,所以个体的开发不是教出来的,而是学出来的,这正是行动学习的独特力量(McNulty & Canty,1995)。

仅仅通过教练的反思性探询来进行领导力开发是有局限性的。通常来说，我们不愿意讨论局限性，因此局限性就无法得到确定而且也不会得到改变。但是，如果人们怀着需要成长的期望参与到会议之中，他们就可以减少盲点，提高领导能力。在行动学习中，有许多自我反省的机会，也有许多机会获得同伴的建设性反馈，这些同伴都致力于帮助我们提升。大家可以互相帮助，开发团队领导力，学习也就不再仅仅是对于程式化知识的获取（Votz-Peacock，Carson，& Marquardt，2016）。

管理者还需要提升自己寻找出陌生领域的能力。行动学习是所有管理者工作的亚里士多德式的表现：他们在前进中学习，他们之所以前进，是因为他们已经学会了，而且还在持续学习。迪尔沃思（Dilworth，1998）指出，行动学习给管理者提供了一个"在探索如何发展自己的同时承担适当水平的责任"的机会。

芒福德（Mumford，1995）认为，行动学习在开发领导力方面是非常有效的，因为它包含这样一些管理开发要素：

● 学习更多的是采取行动的结果，而不仅仅像大多数的领导力开发项目一样，是诊断、分析或提出行动建议的结果。

● 管理者通过完成有重要意义的课题，可以产生更大的学习。

● 相较于从非管理者或者没有管理经验的老师那里学到的东西来说，管理者从彼此身上学到的更多。

在全球咨询公司开发领导团队

查克·阿普尔比（Chuck Appleby），大企业财团执行董事

快速增长的信息保险业务让一家大型管理咨询公司产生了前所未有的开发关键领导技能的需求。最高管理者希望找到一种具

有较大影响力的方法，他们选中了行动学习。公司选出8位新提拔的经理参加一个试点行动学习项目，该项目包括8次会议，为期6个月，在每次会议之间的间隔期，还安排了一对一的教练辅导。每次会议会关注其中一位成员的挑战。会议还包括关于领导力话题的补充讨论，这些话题是根据客户和其他管理者的反馈确定下来的。

参与者和最高管理者对于该项目非常满意，认为行动学习确实与众不同。参与者不仅从创新性解决方案的提出方面描述了行动学习的好处，而且还描述了行动学习的另一个好处，即在确保实施小组所提出的策略方面，同伴压力所产生的巨大威力。在前后两次研讨会之间开展的教练会议，则帮助参与者进一步探索和思考他们在会议中遇到的棘手问题。所有人都认为，行动学习创建了积极的同伴人际网络。公司最高管理者发现，参与者在领导力、团队合作和解决问题方面均得到了显著提升。

行动学习中的个人与专业开发

个人的成长对于最终理解和解决小组的目标问题来说非常重要。正如雷文斯（Revans, 1980）所指出的："如果小组成员无法改变自己，就无法改变周围的一切。"他写道："一个人不能改变系统……除非他在过程中也发生了改变，因为这两个变化的逻辑结构是彼此对应的。我们把发生在系统中的变化称为行动；发生在自我身上的变化称为学习，所以，学会有效行动也就是在学习如何有效地学习。"

针对问题所采取的行动不但使问题得到了解决，还改变了采取行动的人。奥尼尔和马斯克（O'Neil & Marsick，2007）指出，正是行动产生了学习。尽管小组通过行动学习过程来解决面临的挑战，但它开发出了内在的学习能力以及学会如何学习的能力。我们对自我、自我心态、优势及需要改进的领域越了解，就越能合理地解决问题。莫瑞斯（Morris，1991）注意到"行动学习打开了记忆中的真理时刻，可能会给个人及组织带来一个转折点"。

根据世界经济论坛2017年一篇题为《工作的未来》(The Futurd of Jobs)的报告，基于对全球371家领先雇主的调研，在2020年，排名前10的雇员及新成员必备技能包括：

- 解决复杂问题的能力；
- 批判性思考；
- 创造力；
- 人员管理；
- 与他人协同；
- 情商；
- 判断与决策制定；
- 服务导向；
- 谈判；
- 认知灵活性。

在行动学习中，个人可以发展的技能包括但不限于反思、探询与提问、系统思考、积极倾听、自我意识、同理心、演讲表达及催化技术。行动学习开发的其他有价值的能力包括：解决问题、同步进行行动和学习的能力；给予和接受反馈的能力；自律及自我管理（Soffe, Marquardt, & Hale, 2011）。

自我认知对于专业发展的任何方面都至关重要。正如我们所知道的，解剖自己会让我们感觉到受威胁，如果解剖自己会引起自我形象的改变，特别是以一种不太积极的方式引起自我形象的改变时，我们会产生抵制心理。在行动学习中，这种威胁大大降低了，恐惧不再是获得自我认知的巨大障碍。之所以会出现这种情况，是因为行动学习提供了安全的"实践区域"，随着教练的指导和反思性提问，这个"实践区域"不但强调个人的学习责任，而且强调小组成员共同营造的积极的、挑战性的环境。

行动学习让人们能够批判性地意识到自我的价值观、假设、行动、相互依存性、权利和特权，让人们能够作为积极的合作伙伴，以合理的方式采取行动。行动学习创造了一个释放性的学习环境，让小组成员能够意识到自己的价值观体系，从而引导人们"识别自己"，正如雷文斯（Revans，1983）所指出的。

自我学习的重要组成部分是逐渐意识到并逐步改变一个人的信念、价值观和基本假设。行动学习的一个原则是，个人最了解自己的学习情况，如果给予一定的时间和支持，他会发现并发展这种学习。此外，个人还可以获得来自其他小组成员，以及解决问题行动结果的全面反馈。

斯威比（Sveiby，1997）把知识定义为"行动的能力"。根据达文波特和普鲁萨克（Davenport & Prusak，1998）的说法，真正的知识是以行动为导向的。有行动学习经验的个人会得到鼓励、赋能，并期望将他们新学到的知识和技能转化为行动，应用到自己的日常生活和整个组织之中。

个人在行动学习小组中所获得的学习成果和技能很容易且经常会应用到日常活动之中。例如，在与客户通电话后，拥有行动学习经验的人会反思："这个谈话进行得怎么样？""哪些方面做得好？""下一次在与该客户和其他客户打电话时，我如何做得更好？"或者，当与同事互动时，行动学习经验丰富的人可能会问同事："这次会议达成我们想要的目标了吗？""到目前为止，我们哪些地方做得好？""我们如何改进？"那些参与行动学习项目的个人行为的改变和改进会非常明显。

行动学习中的团队学习与发展

行动学习很快会让小组变成高绩效的工作团队，能够作为一个强大的整体进行思考、创造、行动和学习。大多数小组一开始生产力水平低下，并且常常会维持在这一水平上。行动学习小组则不同，行动学习小组在每次会面时，都会改进团队合作的水平以及团队思维与团队学习的水平。团队的成长在第一次会议时就开始了，当小组成员得知他们作为一个小组进行学习的重要性时，小组就必须变得更加聪明，能够作为一个团队更具创新性地成功解决问题。

在第三章中，我们明确了成功的高绩效小组的八个特征。让我们简要地分析一下行动学习是如何创造和强化这些特征的。

对于解决问题有共同承诺。在行动学习中，小组的组建是为了达成一个特定的目的，即解决特定的问题。小组成员意识到，要想取得成功，他们必须负起责任，而且必须共同努力。

致力于制定清晰、共同的目标。在行动学习中，我们从来不会假定团队对于小组的目标有明确的认同，因此，第一步是一起明确目标，并对小组的目标达成一致。小组成员认识到，只有通过相互间的提问，才有可能对目标达成共识。为了确认是否达成了共识，行动学习教练会定期对小组进行检查，只有达成共识，他们才可以开始寻找解决方案。

愿意与他人合作来提出策略。在行动学习中，小组成员经常会面临全新的问题和情况，因为组织一直在寻找能够提出新颖问题的人和对于课题有一些经验的人。因此，小组中，没有人拥有解决问题所需的全部信息、资源或权力。要想理解问题，提出可能的策略，需要每个人贡献观点、知识和经验。

拥有向他人提问的勇气。在行动学习中，每个人被期望，甚至被要求相互提问。没有人知道所有的答案，提出新颖的问题对于小组的最终成功来说非常重要。承担风险是小组开发出来的技能之一。

具备按照明确的规范工作的能力。行动学习小组一开始就确定了最有威力、最正向的小组规范：只在回答提问时才进行陈述。还有一些补充的规范是小组在回应行动学习教练的提问（作为一个小组，我们如何做得更好？）时由小组明确提出来的，这些补充规范通常包括促进相互间的提问、承诺在行动学习会议之间采取行动、出席所有的会议、倾听等。

尊重并支持他人。行动学习六个要素之间的相互作用，在行动学习小组成员之间营造出了积极和健康的氛围，特别是在成员分享自己的学习成果和互相帮助开发领导力的时候。成员之间彼此关心和尊重，对其他团队成员的利益感兴趣，并尽可能地为他们提供支持。

愿意学习并帮助他人学习。在行动学习小组开始工作时，所有的成员会被提醒，小组有两个目的：解决问题和学习。在整个项目中，小组会花时间和精力用于个人、团队和组织的学习。接受学习和帮助他人学习的责任，会在小组中营造出乐于助人和对人际敏感的氛围。

富有凝聚力并相互信任。当行动学习小组成员共同专注于重构问题及提出策略时，相互之间就建立了一个强大的纽带，内在的相互联系也基于小组所具有的平等特质建立起来，在小组中，提问的质量比提供答案的能力更为重要。最后，当人们开始分享自身的弱点时，高度的信任感就建立起来了。

组织学习与行动学习

行动学习也许是建设学习型组织最快、最有效的手段。行动学习小组是学习型组织的示范，因为在行动学习中，学习是一个持续的、战略性的过程，这个过程是与小组的工作相结合并且并行开展的。为了生存，为了应对快速变化的环境，组织也必须像行动学习小组一样，不断调整、不断自我更新、保持生机与活力。学习型组织力求从失败及成功中尽快学习、更有效地学习。朱伯夫（Zuboff, 1988）指出，在工作场所中，生产力和学习是一体的，"学习是劳动的新形式"。

学习型组织有四个主要组成部分：学习技能与能力的提高；组织文化与结构的转变；整个业务链与学习过程相结合；知识管理能力的增强（Marquardt, 2011；Waddill & Marquardt, 2011）。行动学习小组成员将自己的经验和新的能力转化到组织中，这四个组成部分也随之建立起来。

学习技能与能力的提高

在行动学习过程中，小组成员开发自己的元认知能力，即学习的能力。学习的内容包括：有效学习的原则和理论、强化和应用学习的方式、不同类型的学习（期望学习、自适应学习、生成性学习）以及学习的关键技能（测试个人优势、理解心智模式、系统思考）。在行动学习中，个人学习如何作为一个团队来学习，这个机会是由行动学习教练的反思性提问所提供的。最后，行动学习通过见解、知识、组织成员心智模式的共享，以及建立在组织过去的知识和经验之上的政策、战略、明确的模式的共享，帮助人们发现和体验组织学习是如何发生的。

组织文化与结构的转变

学习型组织文化有一些非常重要的价值观：学习是公司成功的必备要素，学习是所有组织功能的天然组成部分。行动学习可以培育这些价值观。行动学习小组的成员来自组织的各个层级和单元，这让他们能够与来自组织跨部门和跨职能的小组一起更舒适、更自信地工作。策略的应用也促使成员们的学习能力得到提升。学习型组织中层级和官僚机构很少，正如行动学习小组一样，它们是流动的、灵活的、简化的，能够使沟通流程更顺畅，创新性行动最大化。

整个业务链与学习过程相结合

在学习型组织中，不仅员工要加入学习过程，客户、供应商、零售商甚至社区也要加入进来，组织学习需要把组织的整个系统作为一个整体来审视。在行动学习中，小组成员不断地在组织内外部寻找那些拥有对于成功地重构问题、提出策略和采取行动来说所必需的知识、能力或激情的人。获得新鲜的观点和智慧，可以拓展学习成果和行动的边界。

知识管理能力的增强

行动学习示范并允许成员实践和运用知识管理的每一个方面。

知识的获取。在行动学习小组中，成员不仅认识到从外部资源获取信息的重要性，而且也认识到从每个人的隐性的、内部的智慧和经验中获取信息的重要性。在行动学习小组中发展出来的内部人际网络，提高了人们对组织资源的意识，促进了思想的交流和分享，并产生了新的知识。

知识的创建。诺纳卡（Nonaka，1994）认为，信息创造是自我更新型（学习型）组织的基本要求。参加行动学习项目的参与者知道，他们应该寻求解决老问题的新方法，旧知识可能不够用了。因此，小组成员不断寻找新的策略，在相互支持的小组中冒险，对替代性的解决方案进行试点，等等。

知识的存储。知识需要根据学习需要、工作目标、使用者的专业知识和功能进行分类和存储，以便在需要时能够快速准确地找到。通过对所获得的学习成果和知识的不断反思，行动学习小组在为收集到的信息赋予意义、将其适当地存储于小组或组织中等方面的能力得到了开发。行动学习教练定期对存储了哪些知识以及存储的原因进行检查。

知识的转化和测试。行动学习小组不断地寻求将小组的学习成果、智慧和经验方法转化到他们所工作的组织和社会之中的方式，这些知识是否真的有效，要经过一定的测试。

用行动学习在罗德施瓦茨公司建立学习型组织

罗德施瓦茨公司是一个独立的家族企业，1933年在德国慕尼黑成立。公司的战略基础是四大支柱：测试和测量、广播、安全通信、无线电监控和无线电定位。公司在其所有业务领域中都处于市场领导者的地位，包括无线通信、射频测试与测量、地面电视广播以及与无线电信号拦截和分析相关的技术。

公司的成功主要依赖于技术专长。随着公司的不断发展和全球化，员工的多样性和状况也发生了变化。公司认识到，除了技术力量，销售组织还需要一位能够驾驭该地区动态增长的领导者。于是，公司开展了名为 LEAD（引领参与和发展）的发展计划项目。该项目是专为领导一个团队的中层管理者设计的，这些管理者在公司有三年以上的任期，这是为了确保他们对组织和当地环境有足够的了解，以便在项目中做出贡献。这个项目并不是为了教学；相反，它的目的是为参与者提供一个机会，让他们从不同的角度了解自己和业务。作为资深的专业人士，参与者对技术问题总是有"正确"的答案。然而，当涉及商业和领导者时，他们总会提供一些不同的、可能更好的方法。销售组织是以矩阵形式构建的，不属于传统的层次结构，这使得该组织有时很难实现目标。这对许多跨界的管理者来说是一个挑战，而他们对于结构的偏好使得这个问题更为严重。行动学习被他们当成了一种能够为管理模棱两可的问题提供结构的工具。

最近，行动学习被介绍给了罗德施瓦茨公司的所有员工。在简要介绍了行动学习的过程和原则之后，公司要求参与者确定一个希望小组帮助自己解决的棘手问题。每个小组的多样性都很高：不仅有来自亚洲地区国家的参与者，也有业务部门的参与者。WIAL 的一位外部行动学习教练协助了这一过程。在当天结束时，参与者经历了四轮行动学习。然后他们分享了自己的学习收获：

> - 拓宽了视野：洞察他人如何看待问题；放开心态，而不仅仅是思考过去的工作；了解他人面临的挑战；意识到个人的挑战并非个例；认识到同龄人的智慧，而这些智慧日常并不明显。
> - 潜在未来领导者的人际网络得以强化：在努力帮助他人解决问题时与他们建立关系；提出困难问题的安全环境；互相挑战，以不同的方式思考。
> - 培养领导力：学习和实践领导技能的机会；利用提问帮助自己的团队成员解决问题。

行动学习与成人学习原则的结合

在过去一个世纪中，成人教育专家已经明确了一些提升学习速度、理解力、学习质量和学习应用的原则和做法，特别是在工作场所应用的原则和做法。行动学习建立在以下成人学习原则的基础之上：

- 当学习能够满足其需求和利益时，成人学习的动机会被激发出来。
- 当被激发取得成果而不是被激发去学习时，我们学到的更多。
- 经验是成人学习最丰富的资源，因此成人教育的核心方法是对经验的分析。
- 当我们反思过去的经历时，学习会加速；我们所反思的经历发生的时间越近，学习动力就会越强。
- 当人们把全部心思、价值观和情绪投入进来时，学习是最深入的。

- 当我们有责任和义务应用学习成果时，会学到更多。
- 当一个人被迫对过去的相关概念进行分类、将想法按照独特的方式进行整合，并寻求新信息时，会发生显著的学习活动。
- 当我们被提问或者进行自我提问时，学习的效果会增强。
- 当有紧迫情况，并有充分的时间和空间来处理这种情况时，会出现显著的学习活动。
- 当我们能够对自己的假设进行提问时，会发生关键质变性的学习。
- 当从他人处获得了精准的反馈，有人鼓励和支持我们进行审慎思考时，学习会发生。
- 小组对于学习的责任会为成员赋能，并强化整个小组的学习。
- 在陌生的环境中解决陌生的问题，会激活我们的做事方式，并产生强大的学习成果，因为我们面临着难以解决的挑战和困难。
- 当我们能看到结果并允许承担风险时，学习效果最好。

英国机场管理局的行动学习和知识收获

英国机场管理局（BAA）是世界上最大的机场运营商之一，在英国占据主导地位，在美国（匹兹堡、印第安纳波利斯）和墨尔本也有运营机构。行动学习是在20世纪80年代作为名为"课题收获"（Project Harvest）的知识创造和知识共享文化的一个组成部分被引入的。大约50位管理者参加了5个不同的项目。第一批管理者从应对实际业务挑战中创建了200多个新的知识项目，包括南安普敦机场的预测和希思罗机场快线服务建设的管理。

作为行动学习计划的一部分，管理局鼓励行动学习小组将所

> 获得的知识与周围的人分享，集中精力强化学习，并且特别重视项目的成果及项目对于企业损益的影响。真正的挑战是与组织中的人分享知识，让他们也能够将这些知识应用在自己的工作中，从而应对所面临的挑战。他们建立了一个全面的数据库，但这对于知识管理来说仅仅是一个重要的组成部分，而非全部。行动学习的主要贡献是在宏观层面上对知识进行分析和传播，以实现"课题收获"的目标。

行动学习与五大学习流派的结合

行动学习使用了五个成人学习理论流派的理论、原则和实践，分别是：认知学习流派、行为学习流派、社会学习流派、人本主义学习流派和建构主义学习流派。与大多数只遵循一种流派的学习项目不同，行动学习在各流派间架起了桥梁，从而为个人、团队和组织构建了一个独特且强大的学习机会（Marquardt & Waddill, 2003）。让我们来看一下行动学习是如何应用这五个流派的最佳实践的。

认知学习流派

认知学习理论家（布鲁纳、阿吉里斯、舍恩和皮亚杰等）主要关注大脑处理信息和经验，然后将这些信息和经验转换为知识、技能和价值观的方式。行动学习结合了认知心理学的关键要素，关注点有：

- 元认知技能和学习如何学习；

- 信息获取和保留的内在流程；
- 把问题作为触发学习内在心理过程的触发器；
- 在反思的同时寻求模式、见解和理解；
- 在做中思考如何做。

行为学习流派

行为主义学者，例如斯金纳和托尔曼认为，创造合适的环境和刺激将会为学习和其他行为的最大化创造理想的条件。在行动学习中，强烈的刺激是需要解决的紧迫且关键的问题，小组提出有效策略的压力，以及个人、团队及组织行为的改进。另外，还有来自小组和教练要求遵守规范的压力。特定的小组规模（4～8名成员）是制订决策和让所有成员积极参与进来的最佳数量。小组成员必须进行提问，这样可以激发大脑突触，并且防止任何个人主导整个进程。此外，行动学习教练通过介入的方式对行为进行矫正。

社会学习流派

社会学习理论家，例如杜威（Dewey）、班杜拉（Bandura）、莱夫（Lave）和温格（Wenger），强调学习的社会性，即学习发生于其中或使学习发生的背景或环境的重要性。对于他们来说，学习需要社会的互动和协作。学习者寻求将过去和现在的经验连接起来，学习是由"实践社区"所引导的，行动和学习产生的环境非常重要。建模的能力、技能和学习是使学习发生的一种有效方式。个人通过将经验概念化，并生成可复制的内容，使经验变得有意义起来，并基于对学习成果的收集来规划未来的行动。小组是一个锻造空间，在其中，个人的行动是由小组成员的思考和富有洞见性的提问所塑造的。

人本主义学习流派

人本主义理论家（如马斯洛、罗杰斯、诺尔斯）相信，在贡献、学习和行动方面，每个人都有未开发出来的能力。学习需要小组成员之间的支持和关怀，这让每个人都能在进行新颖的提问时感到舒适和自由。学习去寻找每一种情形的独特性，去寻找对于每个人的意义，是人本学习理论的基本元素。这个流派还强调，最好的学习发生于人们全身心投入之时（情感、认知和技能层面）。每个人要对自己及他人的学习负责，鼓励创造力和创新性。所有这些原则正是行动学习所具备的。

建构主义学习流派

对于像韦克（Weick）、维果茨基（Vgotsky）、伊里奇（Illiche）、佛瑞（Frierw）和梅兹罗这样的建构主义学习理论家来说，知识和学习受到环境的限制。个人和小组从行动或经验中建构学习、规范和意义。被迫处理不熟悉的问题会产生质变学习和创新。人们需要探询彼此的观点。建构主义者认为，在问题被锚定、以学习者为中心的情境下，与环境进行互动即可获得最佳的学习效果。行动学习的重点是建立在真实问题和真实应用基础上的学习，所以，这与建构主义学习理论的关键要素是相吻合的。

从经验中学习

行为主义和行为主义学习的主要倡导者斯金纳指出："老鼠和人之间的主要区别是，老鼠从经验中学习。"我们中的大多数人似乎从来没有在效率和效益方面得到过改进。员工会议就是一个很好的例子。有多少员工会议曾经得到过改进呢？这些会议与六

> 个月前或六年前相比有一点点改善吗？我们始终在参加这些会议。一只老鼠参加过一次不好的会议，它就不再参加了，而人类却还会继续参加——我们不是从经验中学习的。在畅销书《谁动了我的奶酪》(*Who Moved My Cheese？*) 中，当一个地方的奶酪吃完之后，故事中的老鼠会跑到其他地方去，而人类还会回到同一个地方，希望奶酪以某种奇迹般的方式重新出现。可见，老鼠从经验中学习。

行动学习体验的强度和威力

英国著名心理学家威尔弗雷德·拜昂（Wilfred Bion，1991）注意到，事实上，当个人、团队和组织以正确的态度和规则面对强烈的考验时（例如，巨大的外部环境威胁、孩子的出生（对于父母来说），或者在一个小岛上生存（对于团队来说）），他们有能力快速、永久地改变自己的行为，而且他们已经做到了。事实上，行动学习确实提供了这种强烈的考验（问题、逆境中必须团结一致或必须分开的同伴、需要在没有成功把握的情况下采取行动、与对我们或对问题不熟悉的人在一起等），提供了这样的态度（以团队的方式工作、对学习的需求、追求创新和成功），而且也提供了这样的准则（只在回答提问时才进行陈述、对每一位成员和行动学习教练的倾听、出席每次会议）。

学习的最有力形式、员工发展的最高形式，并不是听取别人的赞扬，而是与他们分享我们所知道的事情。学习更多来自给予而非接受。通过对所做事情的反思，通过一致性的给予，通过分享和阐明自己的技艺和知识，我们会变得更有意义，更有收获。

——罗兰·巴特（Roland Barth）

学习在行动学习中的威力

由于行动学习建立在多种学习领域的动力之上，并应用了这些动力，所以，学习的速度、深度和广度令人震惊。

学习的速度。在行动学习中，参与者以连续的、无缝的方式通过所有的循环。学习的速度使得行动学习小组得以快速发展，无论是其中的每一个个体，还是整个团队。

学习的深度。由于提问是持续性的，而且会挑战彼此的假设和观点，所以学习很深入。对话所引起的反思性提问可以带来双环学习（为什么）和三环学习（为什么背后的系统）。

学习的广度。通过行动学习教练的指导，新的学习和知识得以在团队和组织中转化。

从这种学习中取得的效力，将会使个人、团队和组织发生转化，由此产生的力量可以促使人们在个人和组织领域取得快速、有意义的成功。

行动学习中个人、团队和组织学习检查表

- 我们的学习质量如何？
- 我们如何优化学习？
- 行动学习教练是如何有效地帮助我们学习的？
- 哪些提问对于指导我们的思考和学习最为有效？为什么？

- 作为个体，我们正在成长吗？怎么做到的？
- 我们的领导力正在得到开发吗？
- 我们是如何帮助彼此学习的？
- 我们学会提出什么新颖的问题了？
- 作为一个团队，我们是如何学习的？
- 作为一个团队，我们是如何提升的？
- 我们在工作场所将学习和行动融合了吗？
- 我们是否已将知识转移到了组织的其他部门？为什么要这样做？为什么没有这样做？
- 我们正在把新技能应用到工作场所中吗？
- 在我们的团队中，我们有一个安全的环境来承担风险吗？
- 我们如何创造这种学习环境？
- 我们如何从我们做得好及可以做得更好的事情中学习？
- 我们在研讨会之间是否应用了所学的知识？
- 我们的环境是一个协作、支持和关心学习的环境吗？
- 我们是否安排时间用于集中精力学习了？
- 我们是否对我们的基本假设提出了疑问？
- 我们如何在工作场所展示领导力？
- 我们是作为一个学习小组来承担责任的吗？
- 在小组中，我们是否从对经验的反思中进行了学习，是否从小组所采取的行动中进行了学习？

第七章

行动学习教练

行动学习教练是使行动学习威力最大化的催化剂，是加快学习的提问者，是帮助小组成员团结在一起的增效剂。行动学习教练是提高小组的学习能力和采取积极行动能力的服务型领导者，是帮助小组对自身的经历进行反思并将反思转化为学习机会和结果的一面镜子。行动学习教练可以示范倾听、学习和提问的技能，这些都是高绩效工作小组和伟大领导者必备的技能。学习热情以及帮助小组取得成功的承诺，是教练应该具备且应该展示出来的关键价值。

教练的关键作用是提升小组的学习能力，使小组能够快速且有创造性地解决问题。教练的关注点必须始终放在学习上，而不是问题上。学习是提升小组绩效的杠杆。教练越能够提升小组学习的速度与质量，越能够促进小组的成长，小组就越容易取得成功。

教练利用反思性提问帮助小组成员审视自己的行动和互动情况，提升整个小组解决问题的能力，这些问题不仅包括当前的问题，也包括团队或个人在未来会遇到的问题。教练的提问应该是开放积极的，能够使小组反思整个小组的表现如何、如何改进、学习什么，以及学习成果如何在组织的工作和生活中应用。

为什么要指定一个人来关注学习

尽管对于任何小组成员来说，既要关注学习又要完成原本由行动学习教练来完成的提问肯定是可以实现的，但现实情况是，除非专门指派某人来关注学习，否则学习任务几乎得不到执行。不指派行动学习教练，人们通常不会进行反思性的学习提问；即使进行了这类提问，也很难达到促进学习和提升行动质量的要求，而且也很难达到介入时机的要求。

为了使个人和小组的学习最大化，必须指定某个人专注于学习。问题解决者（即小组成员）的主要关注点是亟待解决的问题，这也是他们应该做的。但问题的紧迫性往往会淹没学习的重要性。因此，必须指派专人来关注学习，否则学习的机会就会因为时间的压力（紧迫性的压力）而丧失。

行动学习依赖于两个简单的准则和流程。行动学习教练要确保这些准则和流程的执行。除非他看到小组成员都在提出或回答问题，而且留出了时间进行学习，否则学习就可能被忽略或根本不会发生。教练对促进学习和反思性探询氛围的营造至关重要。期望小组成员在解决问题的同时还要胜任管理小组成员学习的任务，这是不现实的。

因此，如果没有专人来担任教练这个角色，而由每个人自己来负责，学习性提问要么太频繁，要么没有。所问的问题也可能并不符合帮助小组进行学习的目的。此外，小组成员对于小组中的某些人在某些时候独断地行使行动学习教练的作用或功能会感到反感或不舒服，以自发的方式承担这个责任可能会遭到挑战和抵制。

熟练的行动学习教练的好处

尽管任何小组内外的成员都可以担任行动学习教练,但是,这个角色非常关键,需要很多技能,对于没有为这个特殊角色接受过训练的人来说,要想把工作做好非常困难。要使小组及其成员在解决复杂紧迫的问题的同时进行学习,行动学习教练这个角色面临方方面面的挑战,对于不具备处理这些挑战的能力和信心的人来说,压力会非常大。

因此,世界各地的组织已经越来越多地认识到,由训练有素、技能熟练的人来担任行动学习教练这个既重要又具有挑战性的角色,是非常有价值的。一位技术精湛、经验丰富的教练可以显著地提升小组行动和学习的速度与质量。

越来越多的企业使用接受过教练技术训练的内部或外部人员来担任行动学习教练。像微软、松下和固特异等公司,要么与外部经过认证的行动学习教练签订合同,要么发展内部的认证行动学习教练队伍。星座能源公司在每一个生产基地都拥有受过训练的教练,在任何需要使用行动学习来解决问题或达成重要目标的场合,这些教练都能给管理者提供相应的帮助。

国际行动学习协会的教练认证

在过去的 20 年中,国际行动学习协会(WIAL)已经在世界各地培训和认证了数百位行动学习教练。负责 WIAL 认证项目的是一个非营利性的教育协会,分支机构遍布世界各地,该项目包括 6 天的强化训练/实践,并在学员担任教练伊始,为他们提供相应的指导。认证项目包括本书中的许多内容和原则。关于教练

> 要求、培训地点和培训日期的更多信息，可以查看 WIAL 的网站（www.wial.org）。

为行动学习小组提供教练

我们强烈建议组织为公司内开展的单问题式行动学习项目配备一位技术精湛、经验丰富的行动学习教练，因为这类项目会实现战略上的收益和高投资回报率。然而，这个选择对于多问题式行动学习小组来说并不太重要，而且其经济可行性也比较低，因为多问题式行动学习小组所描述的问题通常并不那么复杂，行动学习教练的角色和责任可以由小组成员轮流担任。因此，在每一次会议上或者对于每一位问题描述者，都可以由不同的人来担任教练。小组成员轮流担任教练有诸多好处：

● 小组中的每一个人都可以开发自己在帮助他人学习和发展方面的领导力。

● 当他们再回到问题解决任务上时，担任行动学习教练的成员可能会更加理解和欣赏教练这一角色的重要性。

● 在担任教练时，每个人都可以提升自己在提出切实的、具有学习导向的问题方面的技能。

● 小组和组织节省了请外部教练的时间和成本。

● 当问题和解决方案的内容只限于参与问题解决的小组成员知道时，保证了保密性。

● 教练通常会看到那些陷入解决问题的细节中的小组成员看不到的观点和见解。当教练重新作为成员回到小组中时，可以带入这种高屋建瓴的视角。

> **培育内部行动学习教练队伍**
>
> 世界各地越来越多的组织已经培育了内部行动学习教练队伍，提升自己在实施行动学习项目方面的能力，在出现危机需要及时处理时，能够快速为行动学习小组提供教练。这些组织包括亚洲航空公司、微软、三星、古德里奇、麒麟啤酒公司、富国银行、松下、中英人寿保险公司、克朗斯等。

教练介入的力量

正如在第一章中所讨论的，行动学习的第二个基本准则是，当看到帮助小组改进绩效或帮助个人提升领导技能的机会时，教练有权随时介入。因此，当教练决定介入时，小组要暂停解决问题的工作，听取教练的提问。教练只提出问题，偶尔会在提问之后陈述一些观察到的现象。小组倾听教练的提问并进行回应，直到教练表示小组可以继续开展解决问题的工作。

除了帮助小组学习，并因此更好更快速地完成任务，教练还要负责管理时间。因此，在进行会议最后阶段的介入之前（这个阶段的介入旨在确认行动和捕获学习成果），教练要告诉小组还有多少时间可以用来解决问题。

教练之所以需要有介入的权力，是为了确保小组在每一次会议上都能够确定重要的行动，并且能获得显著的学习成果。从经验中我们都知道，没有介入机制，学习的重要性就会被问题的紧迫性掩盖。因此，一定要给负责更重要事情的人以权力，以便他可以推翻什么紧迫就做什么的自然倾向。

如果教练要求留出时间反思和学习，但这段时间未得到充分利用，那么反思和学习就根本不会发生。经验和研究表明，除非这项主要且唯一的责任被指派给了某个人，否则小组这方面的工作就会缺失。

教练必须被授予介入的权力，特别是他在组织中的级别较低时。遗憾的是，如果大家认为教练的知识、经验或权力比较缺乏，其他小组成员就会忽略或拒不听从该教练的管理——除非该教练被专门授予了这项权力。因此，当教练宣布自己介入时，小组要立刻停下来（或者说完正在说的那句话），倾听教练的提问，这一点非常重要。

只要教练介入，他就控制了整个讨论。教练不能失去这种控制，在他宣布可以回到解决问题上来之前小组不能继续。因为一旦小组有一次忽略了教练的介入，在未来介入时，教练的权威就难以恢复。如果他能够在第一次介入时既成功又舒适地保持了这种控制，在小组接下来的时间里，他会更容易保持这种控制状态。

如何介绍行动学习及教练的作用

在行动学习小组的第一次会议上，教练要能够清晰简要地介绍行动学习及他自己的作用，这一点非常重要。行动学习的过程也许与任何人经历过的解决问题的过程完全不同，他们可能没有见识过某个人担任学习教练，并具有相应的权力的情况。在最初的几分钟内，有一些关键点一定要加以介绍。下面是在新的行动学习项目一开始可能会提到的典型内容：

能够在这里帮助（××人或××组织）解决一项紧迫且重要的

问题，我非常感谢大家。我们所使用的流程叫行动学习，我们将在解决问题的同时进行学习。因此我们有两个目标：（1）提出解决问题的突破性策略；（2）开发我们每一个人的领导力。下面是行动学习的一条简单的基本准则：只在回答提问时才进行陈述。每个人可以在任何时候向任何人提问。一个提问可能会得到来自小组成员的多个回应，或者，如果问题问得好，可能会引起沉默，因为我们可能都需要时间进行思考。在行动学习中为什么要强调提问呢？原因有三：第一，提问会帮助我们更具有创意，能够促使我们进行突破性的思考，取得解决问题的创新性方案；第二，提问会让我们保持关注，更具有成效；第三，提问将有助于我们开发自我的领导力。现在，大家都明白这条基本准则了吗？

下面介绍一下我在行动学习中的作用。作为行动学习教练，我不会直接参与到问题的解决之中，相反，我将集中精力改善小组的绩效，帮助你们开发领导技能。我只进行提问，我会管理时间，以便在会议结束时我们能够完成行动计划并分享学习成果。大家明白我的作用了吗？

你会注意到，教练不要求对这两条基本准则的认同，但要进行检查，以确保所有的小组成员都理解了这两条基本准则。如果这些准则的好处得到了明确的阐述，小组就会试着应用，或至少愿意尝试一下，来看看这些准则是否有效。

建立小组的学习氛围

行动学习教练帮助小组建立学习、开放、信任及非评判性的学习氛围。他应该表现出坦诚的、有针对性的提问和反思能力。虽然他可能也会受到参与问题讨论的诱惑，但他必须始终专注于流程和互动，不断努力寻找机会来发展小组，提升小组成员的领导技能。

教练不应该是专家、操控者、老师或主要人物。但是，既然他比其他小组成员更了解行动学习，更有行动学习的经验，他就有责任引导小组成员为行动学习做好准备，包括六个要素和两条基本准则（正如本章前面的示例所示）。

教练不应该使用陈述语句来告诉小组成员做什么。相反，要通过提问帮助小组成员发现他们需要为自己做些什么。他不是要教给大家做什么，而是努力创造一种氛围，在其中小组成员可以为自己学习、从自己身上学习、增强对自己的信心、反思及提出新的想法（Lawlor, 1997）。教练的作用不是去纠正或批判，而是要提高小组对于正在发生的事情的意识。另外，与提问不同，来自教练的陈述会引起人们对教练的防御、挑衅或依赖，所有这些反应都与行动学习的精神和力量相抵触。如果发生了这种情况，大家会认为教练不客观、不敏感，具有控制性或操纵性。

教练必须始终认识到这样一个事实，即显著的学习是小组反思的结果，显著的反思是好的提问的结果。他还必须帮助小组成员承担起学习的责任，以及将他们的知识和学习成果运用到生活的其他方面的责任。教练通过提问来发起所有这些基本流程——在正确的时间里正确地进行提问。

提问：教练的工作方法

为什么说教练只提问如此重要呢？首先，提问在帮助大家反思和学习方面总是比陈述更强大、更有价值。由于教练的主要作用是帮助小组成员反思和学习，那么他通过提问来发挥作用是非常合适的。

正如第一条基本准则所说，我们希望小组成员提问，只在回答提问时才进行陈述；因此，教练要向小组示范这种他希望小组表现出来的行为。提问还会让小组考虑其他成员的观点，而不仅仅是教练的观点。

教练不应该被小组成员认为对问题的某一方有所偏袒，也不应该对小组成员的态度和行为做出判断，陈述却不可避免地会有这种倾向。好的反思性提问是非判断性的，回应的人会做出自己的判断。因此，小组成员不必担心教练会跳进来指出不利于小组的想法或行为，或者显示负面的人格特质。

教练最好采用提问方式的最后一个原因是，它使小组反思并做出自己的决定。例如，如果教练察觉到行动是正面的或负面的，并对其影响进行了描述，那么小组就会把他的描述看作事实，即使这个判断并不正确，小组的工作和学习就会因此被误导。

行动学习会议的协调和管理

行动学习教练在会议之前，以及在会议的一开始，需要知道总共有多长时间，以确保给学习和行动分配合理的时长。在单问题式的会议中，当小组还有大约30分钟时间时，教练会进行提示，因为他要为最后的反思和学习留出15分钟的时间。如果教练没有就时间提出警告，成员们可能会感到惊讶甚至失望，因为他们不得不停下正在解决的问题。这时，他们可能会多争取一点时间，但这样做的结果是，留给最后的学习时间就会很少或者根本就没有了，但最后的学习时间通常是最重要的能力发展时间。这样，教练的威力和价值就会降低，小组可能还会继续"蚕食"他的时间和威力,因为他们可能会觉得学习并没有解决问题重要。

在多问题式小组中,教练需要确认会议的不同阶段,确保每个人都能分配到等量的时间。他需要确保每一个阶段性会议之后的反思/学习时间,以及在整个会议结束时更加综合性的学习时间。表7-1 是一个由五名成员组成的多问题式小组的时间安排表示例。

表7-1 五名小组成员组成的多问题式小组的时间安排表示例

9:00	欢迎和会议规划
9:10	问题描述者1(20～30分钟)
9:35	行动学习教练,把握学习收获(5～10分钟)
9:40	问题描述者2和学习
10:10	问题描述者3和学习
10:40	休息
10:50	问题描述者4和学习
11:20	问题描述者5和学习
11:50	最后的反思和学习
12:00	休会

单问题式行动学习的协调

在大多数情况下,行动学习小组会被给定一个时间框架,在此框架内,他们需要向问题发起人提供行动策略;或者制定并实施解决问题的策略。在第一次会议结束时,行动学习教练要和小组一起确认交付日期,并确定小组认为必要的会议数量,以及每个人都要出席的会议有哪些。

基于过去20年中我们指导过的数百个行动学习项目积累的经验,

我们推荐一个4×4的指导方针：不超过4次会议，不超过4个月。如果时间框架比较长，表明问题并不那么紧急；如果超过4次会议，则无法确保所有团队成员都能参加每次会议。

> **在大学里培养行动学习教练**
>
> 世界上有许多大学都制订了行动学习教练培养计划，包括美国的美利坚大学和乔治·华盛顿大学、荷兰的荷兰商学院、日本的立教大学和早稻田大学、泰国的正大管理学院、法国的艾克西亚商学院，以及乌干达的乌干达烈士大学。

行动学习教练的介入与提问

除了知道该问什么问题以及如何提问，知道什么时候介入也是行动学习教练的一项重要技能。在每次会议的一开始要介入，在会议进行中要进行一次或多次介入，在行动学习会议结束时也要介入。让我们简要地来看一下行动学习教练如何在不同的时段介入，以及在介入时所问的典型问题。

会议初始阶段的介入与提问

教练的第一次介入（尽管从技术上来说，这算不上介入，因为是在小组开始工作之前进行的）发生在小组第一次会议的一开始。此时，教练要检查所有小组成员是否都熟悉行动学习的准则和规范。一旦确认成员了解了行动学习的流程，教练要向问题描述者提问，请其描述问题/挑战。在小组接下来的会议中，他会问个人（在多问题式小组的情况下）或小组（在单问题式小组中），自从小组上一次会议以来，小组采取了什么行动，这些行动的影响是什么，取得了哪些学习成果。以下是教练在会议的一开始可能提到的问题示例。

- 每个人都了解行动学习吗？对行动学习教练的作用了解吗？对提问的重要性了解吗？
- 在多问题式小组的第一次会议上（面向问题描述者）：你想让小组帮助你解决什么问题（任务、挑战、话题）？你能花几分钟的时间来简要地介绍一下问题的关键要素吗？
- 在单问题式小组的第一次会议上（面向整个小组）：我们所理解的问题是什么？
- 在接下来的会议上：自从上次会议以来，我们采取了什么行动？这些行动有何影响？哪些行动并没有实施？为什么没有实施？从这些经历中，我们可以学到什么？我们可以做些什么不一样的？有哪些学习成果可以应用到项目中，应用到我们的生活或组织的其他地方？如何转化这些学习成果？

会议进行过程中的介入与提问

教练在会议进行过程中的介入没有固定的时间点，可能在最初的几分钟，也可能在20或40分钟之后；可能有多达4～6次的介入，也可能只有一两次。但教练至少应该有一次介入，除了给小组提供喘息的空间，还可以帮助成员了解他们哪些地方做得好，哪些地方可以做得更好，以便确定并继续进行积极的互动，改善阻碍性或无效的行为。

在某些时间点上介入，会让人感到更舒适、更自然，例如，当小组无法正常工作，或者对下一步该怎么做感到纠结或不确定时。让小组意识到那些可能造成困难的因素，能够让这些因素得到直接且有意识的解决，从而确定纠正或克服这些因素的行动。

当教练请小组对自己的工作质量进行反思时，一个有趣的现象时有发生。当小组有意识地反思哪些表现好、哪些可以改进时，小组会下意识地还在思考问题的解决情况。在完成了学习和改进的工作之后，小组会以崭新的姿态倍受鼓舞地回到解决问题上来，并做好准备。令人惊讶的是，这时小组会发现，问题的解决并没有被教练的介入打扰或延迟，他们在潜意识里面一直在思考问题，而且还产生了新的想法和解决方案，但如果小组一直把焦点放在解决问题上，这些想法和解决方案根本不可能产生。

在行动学习会议中，各种问题都有可能被问到。一般情况下，提问可以分为五大类：问题构建方面、行动策略方面、小组有效性方面、领导力方面以及应用方面。

在第一次干预时，行动学习教练所问的第一个问题往往是："作为一个团队，我们表现得如何——好还是不好？"这是一个很棒的提问，因为它使小组很容易地从解决问题的工作上过渡到了对小组过程和效力的反思上。请记住，让人们从紧迫性的问题转移到关注流程和学习的反思阶段是非常困难的。这时，非常重要的一点是，要获得每一个人对于这个提问的响应，不要让一个人或者一小部分人的观点主导整个小组的情感或思考。这个提问提供了一个人人都可以参与的机会，对那些比较安静，说得很少或根本就没有机会说话的人来说更是如此。这个提问称为"直觉式提问"，因为教练正在探索人们对于小组当前工作质量的看法。

一旦教练了解了每一位成员对小组情况的感知,他通过第二个提问,从情感层面转移到了认知或智力层面,"到目前为止,我们哪些方面做得好?"即使每个人对第一个问题的回应都是"不好",教练也知道小组一定在某些方面做得好。例如,最起码每个人都在进行提问,因为这是基本准则,但人们可能也在倾听、收集信息和解决问题。教练想让小组明确这些积极的行为,以便继续这样做。教练正在用的这种方式就是欣赏式探询中的积极关注(Cooperrider & Trosten-Bloom, 2010),这将会激活小组,使人们在重新回到问题解决上来时更加满意、更有信心。

即使每个人都说小组做得很好,教练还会问到下一个问题:"我们哪些方面可以做得更好?"因为教练知道每一个小组都有一些可以改善的行为。对于这两个提问("我们哪里做得好?""我们哪些方面可以做得更好?")的回应可以帮助小组形成一些强大积极的规范,这些规范可以使小组立刻改进工作方式。基于此,小组就可以避免陷入形成期—风暴期—规范期—绩效期的传统模式,直接转变为在行动学习小组中经常会出现的、大家更为喜欢的规范期—绩效期—规范期—绩效期的模式(参见第三章的相关讨论)。

请注意,教练提问时要使用"我们"这样的字眼。这个词语向小组传达的信息是,他是小组的一员,非常渴望小组的成功,尽管他的角色是关注小组中的每一个人以及整个小组的技能提升这些相互补充的元素。相反,如果教练问:"你们表现得怎么样?"即在暗示自己与小组是割裂的,甚至可能是高高在上的,因此无须承担小组失败的责任。

教练可以问很多问题来帮助小组想出好问题、更加仔细地倾听、更好地进行团队协作以及更具有创造性。对于小组成员提问质量的提问很重要，因为提问的质量会最终决定行动的速度和质量（见第四章）。下面是教练在行动学习介入时提问的示例。

- 到目前为止，作为一个团队，我们做得怎么样，好还是不好？（一些人愿意使用数据，所以教练可以提供一些选项：到目前为止，作为一个团队，我们表现得怎么样？使用 1～10 打分，1 表示特别糟糕，10 表示非常棒。）
- 我们在哪些方面做得好？你能就表现好的方面举一个例子吗？还有其他例子吗？其影响是什么？
- 哪些方面我们可以做得更好？有哪些方式可以提升我们的工作？你能具体点吗？
- 我们明晰了问题并达成共识了吗？（请大家把它写下来。）
- 我们提问的质量如何？
- 我们的讨论建立在彼此的提问和想法之上吗？有例子吗？
- 提问与陈述之间的平衡情况如何？
- 你可以把陈述变成一个提问吗？
- 我们的创造性如何？怎样才能变得更加有创意？
- 哪个提问最有帮助？
- 我们的想法的质量如何？我们的策略呢？
- 到目前为止，关于问题的内容方面，我们有什么学习收获？领导力方面呢？团队方面呢？

行动学习教练介入的时间要保持在 5～10 分钟，这样小组就可以迅速回到解决问题上来。一些介入可能仅持续几秒钟（例如，"你能把这种说法变成一个提问吗？"）或不到一分钟（例如，"××，你觉得你的提问（或陈述）对小组的影响是什么？"）。因此，教练必须仔细考虑和选择提问的内容，以帮助小组提升能力，从而更快、更有效地处理正在解决的问题。

会议结束阶段的介入与提问

每一次行动学习会议结束时的介入和提问为个人和小组提供了非常宝贵且显著的质变性学习机会。为了给会议结束时的介入做好充分的准备，行动学习教练会提醒小组本次会议的时间框架。例如，他可能会说："这个两个小时的会议定于下午 4：00 结束。最后需要有 15 分钟时间来帮助我们确认行动、捕捉学习收获，以及确定如何运用所学的知识，所以，我们要在 3：45 完成问题解决环节的工作。"接着教练会在 3：30 再给一个还有 15 分钟的提示，提醒小组开始关注在此次及下一次会议之间他们将要采取的行动。然后，在 3：45 教练开始提出下面的问题。

在多问题式小组中，第一组的三个问题经常会向问题描述者提出；在单问题式小组中，这三个问题会向整个小组提出：

- 作为这次会议的结果，你（我们）将会采取什么行动？
- 你（我们）获得帮助了吗？怎样获得的？
- 作为一个团队，我们做得怎么样？好，不好，还是很棒？

然后，教练会对整个小组提出如下一些问题：

- 我们哪些方面做得最好？哪些方面可以做得更好？
- 我们认为自己解决问题的质量如何？我们提出的行动建议呢？
- 我们如何为个人和团队在下一次会议中的改进做出努力？
- 是什么帮助我们取得了进步？是什么阻碍了我们？
- 哪些提问最有价值？
- 在所选择的领导力方面，我们每个人做得怎么样？
- 对于××（某位小组成员的姓名）如何展现他的领导技能，你能否提供一些具体的例子？

- 你打算如何在工作中应用新的领导技能？
- 关于团队合作、问题解决、公司政策、客户、系统思考，我们学到了什么？
- 对于你自己，你学到了什么？
- 我们如何将这些学习成果应用到组织的其他部门或我们的生活中？
- 是什么帮助我们学习的？

在多问题式小组中，每个人都会有20～30分钟的时间就自己的问题得到帮助和指导。教练在每一轮开始时，要让每个人都知道这个问题的时间安排，以及在什么时间他会进行最后的介入。在他提最后一个问题之前的5分钟，他会做一个提醒，以确保行动步骤的确定。

在单问题式小组中，行动学习教练的第一组提问是针对整个小组的，在多问题式小组中，教练的第一组提问则针对刚刚的问题描述者。"你（我们）将要采取的行动是什么？"这一提问强制个人或小组阐明具体的行动步骤。没有具体行动的决定和选择，就不能结束会议，理想情况下，这些行动要有日期和负责人。能够对这个提问做出回应，会使小组获得一定程度的满足感——他们确实帮到了或者开始帮到个人或组织了。"你得到帮助了吗？"这一提问（这个提问几乎总是会收到一个热心的"是"的回应）巩固了这样一个事实——小组确实能够提供帮助，确实有价值。个人或小组在接收了来自各个视角的提问之后却没有得到帮助，这种情况极其罕见。至少问题变得更加清晰了。

"你（我们）是如何得到帮助的？"这个提问向小组展示了各种各样的提问和想法是如何联合起来并产生有用的策略和可行的解决方案的。这个提问还为小组的第二个系列的提问奠定了基础，第二个系列的提问关注的是小组做得怎么样、学习了什么、什么技能得到了开发，以及哪些知识可以应用。"如何做"之类的提问也是一个系统性的提问，因为它会引发个人或小组反思是如何在组织、情绪及认知等方面得到帮助的。

行动学习教练需要选择出那些对于整个小组以及作为学习主体的个人来说最有价值和帮助的提问。教练的时间是有限的，所以应该选择三四个他认为将会产生最大的学习效果并为未来提供最大杠杆性帮助的提问。

后续会议开始时的介入与提问

单一问题式行动学习项目面对的可能是一个需要通过单次会议处理的危机，在这种情况下，小组不需要再次会面。然而，问题的复杂性和解决问题所需要的时间表明，大多数行动学习小组会在1周到1年的时间内举行2～10次会议。如上文所述，大多数单问题式小组会在4个月的时间里有不多于4次的会面。

在这种多会议、单问题式的行动学习项目中，教练需要将小组快速组织起来，帮助小组集中精力完成工作。在会议开始时，教练请每位小组成员汇报上次会议以来所采取的行动。在每个人完成行动汇报之后，教练请小组成员写下他们对以下两个问题的回答：（1）现在我们的项目进展如何？（2）我们希望在这次会议上完成什么任务？在所有人都分享了他们对于这两个问题的回答之后，教练可以简单地通过"谁第一个提问？"继续会议。

最后一次会议结尾时的介入与提问

在已经多次开会后的最后一次小组会议中，教练的介入时间会比较长，可能会持续 30 分钟到 1 小时。这是捕捉小组发生在许多个小时里的小组研讨和实施行动过程中最重要的学习收获的机会。这也是一个深刻反思小组成员的领导能力开发情况，以及学习收获在过去的几周或几个月时间里，在生活中和组织中的运用情况的机会。

行动学习教练通过对于小组整体学习收获的系统性探索来引导最后一次会议，努力让个人学习收获的最有价值的内容，以及技能得到开发的最重要领域明确出来，并促进大家进一步应用。他要确保捕捉到那些已经转化到或者能够转化到组织中的关键信息与能力，以及最大限度帮助小组取得成功的元素和流程。下面是在最后一次会议上的提问示例：

- 我们解决问题和实现目标的情况如何？
- 我们所提出的策略的质量如何？
- 我们做得最好的是什么？可以做得更好的是什么？
- 你最重要的学习收获是什么？
- 小组最有价值的学习收获是什么？
- 什么使我们取得成功？
- 关于团队，我们学到了什么？
- 哪些学习成果与技能能够应用到组织中，或者已经运用到了组织中？
- 我们个人的发展与学习成果的质量如何？小组发展与学习成果的质量呢？
- 对学习的系统分析是否已经应用到了组织的其他部分？

行动学习教练追踪性提问的影响

本章所列示的在会议开始阶段、中间阶段及结束阶段的提问，对于行动学习教练为小组提供有效的教练来说是一个指导和出发点。当小组成员对这些提问进行回应时，会产生有价值的、强有力的信息和改变。但是，最大的威力和影响通常来自教练提出的追踪性提问。追踪性提问会迅速提升小组和个人的能力水平。追踪性提问（有时只是一个"为什么？"或"你可以给我一个例子吗？"或"怎么样？"）能产生深层次的学习、质变式学习，以及双环（原因）和三环（背后的系统）学习。追踪性提问往往以对前一个提问的回答为基础。要提出追踪性提问就必须仔细倾听。

下面是追踪性提问的一个简单示例。

教练：作为一个小组，我们如何才能做得更好？

回答：我们可以更有创意。

教练：我们怎样才能变得更有创意呢？

回答：（无）

教练：你为什么觉得我们不够有创意？

回答：我认为我们的讨论没有建立在彼此的想法上。

教练：为什么没有呢？

回答：不知道。

教练：关于我们的讨论为什么没有建立在彼此的想法上这一点，其他人有什么观点吗？

回答：我认为我们对于把自己的想法说出来更感兴趣，而不是倾听别人的想法。

教练：关于为什么没有建立在彼此的想法之上这个问题，还有其他的观点吗？

回答：（可能有多个回答）

教练：对别人的想法不感兴趣，其影响是什么？

回答：这表明我们没有思考他们的想法。

教练：使我们更有创意的方法是什么呢？

回答：（可能有多个）

教练：好，让我们继续回到问题解决上来。

正如这个例子所表明的，教练在进行追踪性提问时遵循了一个相当简单的程序。他将第一个追踪性提问问向回答最初提问的那个人。在得到回应之后，他看一下其他人是否有不同的观点和回答，或者对该提问是否有补充意见。如果所指向的人没有回应，教练要迅速转向其他人寻求回答。

需要注意的是，教练并没有对回应表示同意或证实。他的责任是帮助小组意识到这种行为、行为的积极或消极的后果，以及如何改进。一旦小组认识到发生了什么以及为什么会发生，小组就会迅速且几乎是自动地调整其行为，以完成小组认为重要的事情。这个情景是一个真实的案例，在该情景中，令小组自己惊讶的是，在接下来的十分钟之内开始连续问出具有创意的问题，并在会议结束时提出了很棒的策略。小组互动中的这种积极变化是自然且自动发生的，因为教练帮助小组树立了新的规范，随后，他们期望的行为转化成实际的行动。另外，来自教练的提问深入到了小组和个人的潜意识层面，这种潜意识的警觉性很快改变了个人和小组的行为。

教练对于行动学习团队实现突破性战略至关重要

马奎特和罗兰德（Marquardt & Roland, 2012）对30个使用行动学习实现了突破性战略的组织和社区进行了调查，调查发现，超过70%的人将团队的成功归因于熟练的行动学习教练的存在。被调查的公司包括百事、微软、摩根斯酒店集团、杜邦、丰田、麒麟啤酒公司、拉美矿业和松下。

行动学习教练提问的艺术和技能

尽管没有经验的教练可能一开始会担心自己的提问能力，但一般来说根本不用担心，因为威力主要是在提问上，而不是提问的人身上。使用本章中所列出的提问可以为你提供起点。用心倾听对提问的回答则会为你提供一些追踪性提问的线索。随着人们担任行动学习教练这一角色的经验积累，这些提问运用起来会更加自如，在引入下一个提问时会变得更加轻松和自信。

如果教练能够用库伯瑞德、索伦森和耶格（Cooperrider, Sorensen, & Yaeger, 2001）提出的欣赏式探询的方式提出积极的问题，那就最好不过了。教练要把提问的重点放在哪些做得好、做了什么、如何改进之上，而不是哪些地方做得不好。该方法会指导小组寻求应该做什么而不是不应该做什么，把重点放在改进和持续学习上，而不是抱怨和发泄上。

教练只通过提问来实现目标，知道这一点很重要，而且令人安慰。在解决问题时，小组成员的潜意识会思考教练的提问，仅仅因为这些提问就会发生一些改变。

尽管行动学习教练不直接参与到问题的解决之中，但他要对问题表现出浓厚的兴趣，对小组的成功和整个团队运行是否顺畅感同身受，这一点非常重要。他可以通过身体语言来展示对于小组的支持。记录下注意事项和可能的疑问，在介入时进行提问，这对教练也会有帮助。教练要观察小组能量水平的上升和下降情况。当有人评价某个提问说"这是一个好问题"时，一定要将这个提问记下来，并在之后问到这一点。最终的创新性解决方案的关键种子，就隐藏在这些提问之中。

当大家保持沉默或没有立即回应提问时，教练不要担心。要允许小组成员反思，让他们知道你对于这种沉默感到很适应。如果被问到问题的人无法回答，几秒钟后，可以向小组其他成员问这个问题。有时候还是没有响应。这是正常的，因为这个提问会继续在人们心中孕育，在下次介入时，当同样的问题被问到，会出现一系列的回应。请记住，威力和价值往往更多地来自提问及提问引起的反思，而不是对于提问的回应。此外，教练已经在上一次介入时埋下了对提问进行反思的潜意识，所以，在下一次他问到同样的问题时，回应会更好、更丰富。

行动学习教练提问的威力

是什么让行动学习教练提问的威力如此强大？这些提问为什么会引起小组文化和行为的迅速且显著的变化？是环境的压力和提问的质量产生了这样的效果。拜昂（Bion，1991）指出，只有行为和价值观发生了改变，事情才能做得很好。在行动学习中，小组成员都知道，他们需要互相依赖才能成功，他们共同承担着为问题找到解决方案的责任。此外，由于他们确定了学习和成长的领域，对彼此的弱点也就有所了解了。所有这些背景与行动学习教练的作用和威力相结合，会引起每一位小组成员对于意识甚至潜意识的质疑，最终的回应触发了个人和小组行为发生改变的自然生理需要。

同样值得一提的是，当教练通过提问让小组成员把关注点放在学习上时，他们的潜意识还在解决问题。而当教练允许小组回到解决问题上来时，相反的行为也会发生，即当有意识的头脑在努力解决问题时，其潜意识却在努力学习。反思对于创新思想的产生至关重要，反思是教练有意做的，会带来情感和认知思维的结合。教练的提问使小组成员回到当时的经历中，并在脑海中重演，这将帮助他们捕捉到并承认与这些经历相关的感受。

教练过程如何加速学习

在过去的 50 年中，人们进行了大量的研究，以识别那些能够提高学习速度、质量和保留度的方法与手段。其中一些知名和备受推崇的研究是由海曼和斯洛米安科（Heiman & Slomianko，1990）所做的，他们确定了提高学习速度和质量的四个关键行动，分别是：

- 提问（激发突触，使大脑能够更好地接收数据和学习）；
- 把复杂的想法和任务分解成易于理解的、具体的组成部分；
- 被要求明确自己学到了什么，如何学到的；
- 将学习成果与特定的目标或行动连接起来并投入应用。

我们可以看到，所有这四个行动都是行动学习不可或缺的组成部分。教练要明确地、有目的地定期执行这些行动。通过提问，教练帮助小组意识到发生了什么，以及人们学到了什么，小组成员对于自己的所学以及如何进行应用有了更多的认识。

研究还表明，深入的学习只发生于对反思进行回应之时，因为反思对于人们理解和内化外部数据来说是必要的。正如第四章指出的，个人只有从提问中才能进行反思，而这些提问有的来自其他人，有的则是自己对自己做出的。因此，行动学习教练的每一个提问都会引起个人或小组的反思，并因此使个人或小组体验到更深入的学习。

教练与引导

尽管引导师和教练之间的作用和行动有一定的重叠，但二者在关注点和哲学信念方面有着明显的差异。让我们简要分析一下这两个角色。表7–2总结了这些差异。

表7-2　引导师与学习教练

引导师	行动学习教练
关注小组流程 ● 小组规范 ● 制定决策 ● 沟通与反馈	关注小组学习与提升 ● 绩效和行动 ● 使学习显性化
陈述	反思性提问
发生了什么 ● 关注期望的结果	为什么会发生？怎么发生的？ 意识和行动的协同
独立的	互相依赖的
单环学习	双环和三环学习 ● 将学习与商业相连接 ● 学习的技能
关注现在/过去/未来	关注未来/现在
关注催化工具	关注为什么
产生反应	产生反思
依赖经验和专业能力	依赖洞察力
重视参与	重视智慧
提问，偶尔通过陈述进行引导	只提问
产生讨论	引起批判性思考
关注小组的成功	关注个人、团队和组织的成功

引导师的主要作用是帮助小组改善功能。他通过观察、偶尔发

表声明，并就小组怎么能够做得更好提出建议等方式来开展工作。这是小组的期望，因为这个人接受过引导师的训练，那是他的角色。成员依靠引导师来指导他们，如果某个人的行为不具备成效，他们希望不会被引导师宣扬或夸大。引导师的专业知识和作用可能会导致依赖性，有时还可能引起不满。

行动学习教练的主要作用是使小组成员能够自己承担责任，学习如何作为一个整体去发展，提高他们对于正在做的事情的意识，制定规范和流程，提升效率。行动学习教练的任务是帮助小组关注现在和未来（这一点与寻求个人或小组的过去的治疗师不同）。其关注点是学习以及学习与行动的连接，获得学习的手段是反思性提问。行动学习小组对于自己管理小组流程的内在能力会越来越有信心，相信自己能成功地完成任务。

有效的行动学习教练该做什么、不该做什么

团队理论顶级专家和国际行动学习协会资深导师亚瑟·弗里德曼（Arthur Freedman）为行动学习教练提供了以下建议：

- 在重构问题和提出策略时保持中立。克制自己，不要对某个解决方案表示赞同。
- 问开放性或封闭性的问题，但不要问诱导性的问题。
- 依靠团队成员去产生和应用解决问题的方法，而不是提出自己的想法。
- 关注成果的取得和学习，而不是仅仅解决问题。
- 把冲突看作帮助小组学习的契机。
- 把抵抗当作信息，而不是忽视掉。

- 使小组着眼于整个系统而不仅仅是眼前的问题，如该问题如何受环境的影响、可能的解决方案会如何影响环境。
- 不参与解决问题。
- 不要承担或提供行动学习小组能够管理或自我获得的责任、作用或知识。
- 避免做出判断，否则会让小组产生依赖性、防御性或挑衅性。相反，要鼓励独立性和自我决策。
- 通过提问，帮助行动学习小组检验自己的假设及所提出的结论的有效性。
- 如果小组遇到麻烦，不要立即提供帮助，因为这种挣扎是学习的最好时机。

> 凯利·卡尔弗（Kelly Culver）是一名加拿大的认证 WIAL 教练，他在加勒比海和印度洋的许多岛国担任教练，他最近发表评论说："行动学习流程和我的教练对于与我合作的小组的影响是多么重大啊！我经常发现，每个参与者都深信行动学习可以改变组织，我经常看到我的提问是如何引发思考，从而引发团队成员提出突破性的问题和行动的。"

为什么行动学习教练不应卷入解决问题

尽管有时候教练可能会关注问题本身，因为他可能会有一些想法或见解，但通常来说，我们不鼓励这样，原因如下：

失去客观性和公正性。如果教练参与讨论，大家可能会认为他的观点是在支持某位小组成员。在会议结束阶段，当教练提出反思性提问时，某些成员可能会觉得自己受到了轻视，可能认为教练或教练的提问不客观、不开放、不公正。因此，他们的反思或回应可能也会不客观，甚至会包括一些对于教练的负面反应。

暗示问题比学习更重要。在行动学习中，我们认为学习非常重要，因此专门指定一人来全身心关注学习。如果教练也参与到行动之中，他就是在向小组明示问题比学习更重要。之后人们就很难再回到教练真正相信学习非常重要，以至于他需要全身心关注学习这种感觉上来了。

妨碍把关注点放在学习或者介入时机之上。如果行动学习教练参与到问题之中，他可能会错过那些对小组学习有帮助的非常重要的提问、陈述或行为示例。他就无法及时准备好提问，或者确定最好的介入时机。如果适当的介入时机正好出现在他提了一个与问题相关的提问或者刚刚回答了某个人的提问之后，他的介入可能会被认为是利己的或操控性的。

权力或专业知识不平衡。因为教练在学习介入方面被授予了当然的权威，他所具有的权力和专业知识的光环可能会不适当地影响到小组成员的决策和参与。他对于解决问题的参与可能会被视为"适当的"或"最好的"答案，小组可能会顺从他（或者挑衅他）。

失去教练的威力。如果教练卷入进来，他的威力可能会随着他所使用的公共时间的增多而减弱。他往往会失去作为学习教练所应该具有的公信力和中立性。他的"智慧"和仆人式的领导行为也会被认为极为普通。

使小组缺乏信心。如果教练认为，除非他介入，否则小组会错失重要的见解或解决方案，即是在向小组成员表示，他不相信他们，他们需要他来拯救。随着时间的推移，小组将更加具有依赖性或者更加不满。

也有一些情形，行动学习教练必须参与到问题之中，例如，只有教练掌握小组缺失的关键数据，或者小组成员只有两三个人，需要教练来提供多样化的视角。不过，教练应该谨慎参与，并要充分认识到相比只关注学习的教练，他的参与会降低教练的威力和益处。

为小组成员赋能

在执行行动学习教练的角色时，重要的一点是，要理解激励小组和为小组赋能之间的细微区别。激励依赖于外部，而赋能则相信人的内在能力。行动学习教练要寻求一切可能的方法来赋能。他要相信，每一个成员对于小组来说都是必要的，而且能为小组做出贡献。小组及其成员有各种各样的内在能力和天赋。人们能够而且应该发现他们必须改变和学习什么，并且应该对自己的决定和行动负责。是内在期望和自我实现在刺激和激励着他们，而不是外部的威胁或回报。表7-3总结了激励的假设和赋能的假设之间的区别。

表7-3 激励的假设与赋能的假设

激励的假设	赋能的假设
人们做错了什么	人们需要新的视角；解决方案是内在的
人们需要被告知去做什么	人们能够在行动中学习和改变
人们需要受到威胁或得到奖赏	人们需要被赋予责任
人们需要感到舒适	人们需要欣赏和尊重

行动学习教练的价值观

由于学习过程的强度和紧密性,小组成员将会迅速感知和认识到教练对待他们的心智模式和态度。积极、以人为本、自信的态度,会使教练更有效、更愉快地工作。有了正确的态度和正确的提问,教练会受到小组的高度重视和欣赏。一流的行动学习理论家和实践者卡特·麦克纳马拉(Carter McNamara,2002)发现,教练应该具有的价值观和态度与他对行动学习小组成员的认知有关。

- 小组成员有巨大的,甚至无限的潜力。
- 他们必须首先从内部发展。
- 学习和发展是整个人的学习和发展,包括想法、感情和头脑。
- 通过正确的提问、对自我及周围世界的假设和观点的仔细检查,人们可以得到很大的发展。
- 教练的目标和方向来自小组成员的天性和需求。
- 行动与经验对于学习和发展来说至关重要;没有实践就没有知识。
- 教练是一种与人合作的方式,并让他们更有能力、更有成就感、更能够对组织做出贡献,在工作中找到意义。

如何处理组织、团队及个人的失当行为

在会议期间,可能会出现一些陷阱和困难,例如:

单个成员主导整个小组

这个问题在行动学习小组中通常不会出现,因为个人只有在对提

问进行回应时才可以做出陈述。如果上一个问题没有得到回答，就不能提出新的问题。如果某个人开始尝试着主导小组，教练只需要问整个小组："此时，我们提问的质量如何？"每个人，包括可能会主导小组的那个人，会很快意识到小组规范和行动学习的基本准则受到了侵犯，小组将很快恢复平衡。

小组成员之间存在矛盾

在任何解决问题的情形中，每个人都有不同的性格和不同的观点，一个问题有多种可能的解决方案，这样就难免会出现一些分歧甚至是敌对情绪。由于行动学习的强度，成员难免会出现情绪激动的时候。但是，如果情绪过于激动，由此产生的压力会导致人们打退堂鼓，他们可能会担心冒犯团队内部或外部的某个人。

以问题或策略为基础的冲突是很正常的，只要这种冲突是合理和公开的。个性冲突会对小组不利。然而，这类冲突是可以克服的，因为在大多数小组中，教练会把桌面下的事情拿到桌面上来。教练只需要问："作为一个小组，我们做得怎么样？"一个人或更多的人会说："不太好。"请大家举出一些例子，询问大家为什么会发生这种冲突，将有助于小组认识到冲突是如何促进或破坏小组成效的，大家该如何更好地处理冲突，以及如何强化最初大家所认同的规范、是否需要引入新的规范。这样，当大家重新回到解决问题上来时，小组就会回到高绩效水平的状态。

小组成员迟到或缺席

当忙碌的人们试图履行数周或数个月前的承诺时，有可能会出现非常紧急的情况。如果有人迟到或不能参加某次行动学习会议，教练应该帮助小组确定：尽管有缺席现象，但大家应该如何最有效地利用这次会议推进工作与学习。小组还要讨论如何让缺席的成员了解到最新的进展，帮助他"重新体验"小组在他缺席的会议上所做的事情。

成员有打岔或私下交谈的现象

所有小组成员在任何时候都要全身心参与到小组的工作和学习之中，这一点非常重要。打岔和私下交谈具有破坏性，显示了个人的自我利益高于小组利益。教练可以使用"观察到"这样的方法进行干预（例如，"我观察到有人在打岔或私下交谈"），可以通过提问使个体和小组认识到这种行为的影响，并确定一些新的或更有力的规范，以便在未来处理这种行为（例如，"这种行为对小组工作有什么影响？""小组如何防止这种行为在未来再次发生？"）。

小组能量低或感到沮丧

有时，小组已经工作了很长时间而且进行得很艰难，但结束会议或休息又是不明智的选择。如果教练注意到小组能量很低（或很沮丧），他要帮助小组意识到这一点，并通过提问来确定他们能做些什么，可以提的问题有："我们的能量为什么会低？""什么能够使我们更有活力？"或者"为什么我们现在会感到沮丧？""我们如何才能克服沮丧？"

小组成员不提问，或者提供一些多余的信息

如果一个成员正在进行陈述而不是提问，教练可以问他："你能否把它转化成提问的形式？"同样，如果一个人所提供的信息并不是提问者所寻求的信息，教练应该问："你在回答什么提问？"小组成员能够很快意识到教练用友好、严肃的方式在执行"只在回答提问时才进行陈述"的准则。

失去组织的支持

正如第八章将要谈到的，组织对于行动学习小组的承诺和支持通常要在行动学习项目开始前就得到保障。但是，有时这种支持可能会减弱。例如，一名团队成员从小组中被拉出来参加一次或多次会议、团队成员被赋予更多而非更少的工作职责、时间和资源减少。当这些情况发生时，行动学习教练必须与企业发起人或该成员的上级会面，强调每个成员参与每次会议的重要性，以便让行动学习的成果最大化，让行动学习小组实现目标所需的时间最小化。

成员在会议之间未采取行动

在第二次会议及随后的每一次会议的一开始，教练会请每一位成员汇报他们在上次会议上所达成共识的行动情况，如果一位成员没有完成相应的行动，教练可以提两个问题：

- 这次行动对我们在本次会议上完成工作有什么影响？
- 我们能做些什么来确保所有人都能实施已经达成一致的行动？

行动学习教练的其他角色

除了在行动学习小组中承担教练角色，教练还会承担其他角色，以确保行动学习在组织中取得成功。

培训师 / 教授者

通常情况下，行动学习教练要负责引导个人和组织为行动学习做好准备。他应该向大家简要介绍行动学习的原则和益处，包括六个要素和两条基本准则。这种培训可能会在组织的行动学习项目开展之前进行。(关于导入工作坊的详细内容详见第八章。)在第一次会议的一开始，行动学习教练要介绍或回顾行动学习的基本要素，特别是他所承担的教练角色。

教授者的角色在会议期间也可能会出现，即当小组成员请教练解释什么是行动学习或者为什么有六个要素或两条基本准则的时候。然而，当被问及有关问题本身时，或者对小组动态进行直接反馈时，教练应该表明，虽然他很欣赏这个提问，但他的作用是帮助小组学习，小组成员自己的想法／意见更为重要。然后，他应该将问题转回给提问者："什么样的工具、资源或想法会有所帮助呢？""你感觉作为一个小组，我们表现得怎么样？""你认为可以如何改善？"

管理者

在一些组织中，行动学习教练也可以作为行政协调者和行动学习项目的管理者。他作为小组及高层管理人员之间的桥梁，参与安排会议的地点和日期。他与小组之外的关键人物保持联系，以确保他们的持续支持，并且在必要的时候向合适的人汇报工作进度。他可能需要与发起人合作，以确保发起人相信小组的进展情况良好，或者确保他支持小组提出的行动建议。他可能会作为组织行动学习倡导者的纽带，并为倡导者提供支持。在小组的会议之间，教练可能会发送关于即将到来的会议、商定的行动以及在组织的其他部门应用学习成果的重要性的提醒。如果小组成员来自不同的组织，他可能还需要成为各个组织之间的关键纽带和接触点。

杜邦的行动学习教练

保拉·托波洛斯基（Paula TopLosky），杜邦全球服务业务部

杜邦的教练具有以下特质：

- 熟悉小组流程；
- 不控制小组的工作；
- 甘当一个无形的观察员；
- 帮助小组从错误中学习；
- 知道如何创造学习环境；
- 为学习和成长创造能量。

行动学习教练须具备的技能和价值观

由于被赋予特定的权力，行动学习教练应该认识到自己的价值观、技能和行动是如何影响小组及行动学习过程的。他的存在本身对小组来说会有显著的影响；小组成员知道教练会在任何时候进行提问，挑战他们的思考和行动。因此，成功的行动学习教练必须具备一些重要的技能和价值观。让我们简要分析一下其中的十项。

提问能力

行动学习教练的一项关键技能要求是提出好问题以及偶尔提出伟大问题的能力。他的提问应该促使人们思考并感受到挑战；应该是鼓励性的和积极的，而不是批判性的。为了能够持续问出好问题，教练需要对提问的威力以及行动学习教练在提问方面的关键作用怀有强烈、真诚的信念。提问的方式应该温和、不傲慢。教练应该进行自我检查，确定他的提问是否真的对小组有所帮助。他应该关注提问是如何为重大学习和突破性行动创造可能的。

勇敢且真实

提问并不总是容易的，尤其是在问一些比较棘手的追踪性问题，或者一些需要深入和细致的自我反省的问题时。行动学习教练需要勇敢且真实。他的内心要强大，不会被等级、专业知识或被提问人员的性格所吓倒。他应该相信自己的疑虑，确认是否真正达成了共识，以及问题是否已得到了澄清。

自信并相信行动学习流程

教练要对自己的角色有信心，并在行动学习中自如地展示这种信心。他应该相信行动学习流程，因为它是建立在经过验证的理论和原则（六个要素和两条基本准则）之上的，每个小组是由适当且必需的人组成的，一定会取得成功。凭借着对流程会带来最终成功的强大信心，行动学习教练能够处理一路上的挫折，他很快就会看到小组获得了学习，成熟起来，并变得很有成效。

积极评价小组成员

行动学习教练尊重每一个人，关注所有成员的利益。他真诚地相信小组拥有解决问题所必需的能力，他的工作仅仅是激发并利用这些优势。他希望小组取得成功，并从中学习。同理心和支持能力非常重要。他认为成员具有巨大的潜力，认识到这些潜力将会在行动学习会议中显现。

开放、不评判

有效的行动学习教练对于小组成员不同的观点和个性持开放的心态。当然，他对所提出的策略要有观点，但不应该偏袒任何一方。虽然他可能更喜欢某种个性类型，但不应该表现出来，也不应该对提间、承诺或客观性产生影响。这种开放且无偏见的态度会产生友善感，使小组的凝聚力增强，促进小组成员之间的对话。

谦逊但自信

正如柯林斯（Collins，2001）提出的第五级领导者所描述的，行动学习教练应该是谦逊的，但要对自己和小组有信心。他应该认识到自己的长处和局限性。他的自信使他更真实且具有弹性，他的谦逊表明他愿意并善于学习。他应该被看作可信任的人，是可以处理竞争、不信任和愤怒的。

有时间观念

找到理想的介入时机是行动学习教练的一门艺术。介入太早，小组或个人可能没有足够数据来做出充分的回应，从而错失理解的机会；介入太晚，也有可能错失学习的机会，而且部分参与者会感到沮丧，因为小组挣扎的时间太长了。经验会帮助教练在正确的时间提出正确的问题，在介入时变得更加从容和自信。

完成多任务的能力

行动学习教练要承担不同的角色。他需要：
- 监控小组内的对话；
- 观察领导力技能的展示情况；
- 在会议期间及结尾时提问；
- 管理时间以确保既有行动又有学习；
- 处理可能会危害个人或整个小组的失当行为。

在许多方面，行动学习教练必须是在学习的同时采取行动的典范，能够胜任地同时处理多项任务，改进完成类似任务所需的时间。

倾听和反思能力

成功的教练具备较强的倾听技能。他们不但能听懂别人说了什么，还能明白别人没说什么。细心的观察和良好的记录可以让他们深入理解说话人说的内容、方式、时间及对象。积极的倾听需要极大的关注。善于倾听的技巧让教练获得了高屋建瓴、全面的观点，能够看到大局及每个小组成员的所做所学情况。

对学习的强烈承诺

行动学习教练渴望帮助他人学习，当小组成员得到发展和改进时，他会感到激动和自豪。在会议中，行动学习教练会受到参与解决问题的诱惑，因此，教练要认识到学习更加重要。他要利用自己所有的时间和精力来帮助个人和小组学习。行动学习教练知道，好的学习可能会改变一个人的生活，改变问题，改变一个组织。

在柬埔寨进行教练的益处和力量

毕赤·博桑内（Pech Bolene）

我可以自豪地说，即使作为一名新教练，我的教练技能在帮助团队解决问题和提升领导力方面也非常强大，柬埔寨的企业主和工作人员对在行动学习会议上提问的质量以及从中产生的突破性战略感到非常震惊。

行动学习教练的强大影响

行动学习教练具备塑造伟大的个人、伟大的团队和伟大的组织的威力。他对行动学习小组提供的服务可以使小组在很短的时间解决非常复杂的问题。他的介入、观察和提问可以帮助小组成员成为卓越的领导者和优秀的人。由行动学习教练指导的小组,是一个充满吸引力的小组,即使最初不喜欢小组的人,也会全身心爱上行动学习小组。在我最近担任教练的过程中,有一个人说,该行动学习小组是他在公司 25 年来第一次遇到的迅速达成目标、人人都在学习,且充满欢乐的小组。行动学习教练是一个真正的催化剂,他的策略和及时介入可以带来重要且强大的业务成果和成功的学习。

行动学习教练检查表

- 教练能够引导我们反思吗?
- 建立起学习和行动的氛围了吗?
- 介入及时且适当吗?
- 教练示范提问和倾听的技巧了吗?
- 他对行动学习的流程表现出信心了吗?
- 他对小组成员的态度如何?
- 他避免卷入问题当中了吗?
- 当学习机会出现时,教练意识到了吗?
- 行动学习教练还需要扮演什么角色?教师和培训师?管理者?推进者?顾问?倡议者?
- 教练致力于帮助我们学习和发展吗?
- 教练帮助我们对问题和策略达成共识了吗?
- 教练及时有效地处理失当行为了吗?
- 教练如何才能更有效?

03
第三部分

释放行动学习的威力

第八章

引进、实施和持续运用行动学习

任何个人或业务部门都可以将行动学习引入组织，使用这个神奇的工具解决问题和促进发展。本章介绍了在整个组织中成功系统地引入、实施和持续运用行动学习项目的详细步骤。这些步骤能够将行动学习的威力发挥到最大，便于在整个组织中推广。精心设计、实施的启动会确保项目的成功和持续性，并帮助组织克服可能使行动学习偏离轨道的障碍和陷阱。本章还介绍了历时多年的项目案例，这些项目把行动学习看作解决复杂问题、提升领导力和发展团队的关键驱动力。

行动学习的引进

> 凡事预则立，不预则废。
>
> ——《礼记·中庸》

获得并维持高层管理者的支持

第一步，也是在组织中成功开展行动学习项目最关键的一步，是获得高层管理者的支持。要在组织中启动行动学习，组织的领导者至为关键，他是确保行动学习小组的努力、策略和学习成果被组织认同和推广的宝贵资源。

要获得这种支持，领导者自己必须首先相信行动学习能够为组织成功且快速地解决复杂紧迫的问题。他们必须愿意承认，现有的挑战和问题非常棘手，用现有的方法，如任务小组、培训以及外部顾问等，无法很好解决。因此，领导者对于尝试新的方法持开放的心态，期望新的方法能够带来业务的巨大改善，并且能够培养出有效应对所面临的挑战和竞争环境的员工。高层管理者对于行动学习过程和原则的切实理解非常重要，否则，他们可能不会为行动学习选择出适当的问题、人员或资源；或者，他们可能会在第一次出现困难和阻力的迹象时就不再提供支持了。强调这样一个事实也很重要，即行动学习可以使组织有更多的时间为那些在短期内阻碍企业成功的问题找到一个长期的解决方案。

如果高层管理者相信行动学习能够帮助组织发展和提升组织能力，提供更好的产品和服务，创造更大的利润，他们就会愿意将最重要和最紧迫的问题委托给行动学习小组，并承诺实施小组所提出的解决方案。理想情况下，他们将允许、鼓励并帮助小组实施所确定的解决方案。

高层管理者应该了解这样的事实，如果小组提出的解决方案被拒绝或忽略，小组成员的精力和努力会很快消散，行动学习的威力和增长的潜力会受到极大损害。管理者还必须了解，如果要通过行动学习来培养领导者和团队，必须留出时间并提供相应的资源（例如，行动学习教练）。学习和发展所需要的时间是公司开展行动学习项目的一个必要组成部分。即使是在导入的早期阶段，组织也要考虑是否使用内部或外部行动学习教练。

对于行动学习起巨大推动作用的，是高层管理者承诺指定高级经理加入小组或者自己成为行动学习小组的成员，允许小组利用工作时间来完成组织问题，这也可以看作他们支持行动学习的一种方式。这样的行动清楚地表明他们对于项目的承诺。最重要的支持方式是，即使有些项目没有取得立竿见影的成功，领导者也仍然保持着管理上的支持。

确保高层管理者支持行动学习实施的最好方式是什么？谁应该向高层管理者介绍行动学习呢？通常情况下，这个角色由一位或多位听说过或经历过行动学习研讨或在其他组织中参加过行动学习的工作人员并且决定在组织中采用这种方法的人来担任。这些人可能会成为内部行动学习的倡议者，为内部行动学习项目提供自己的问题和工作人员。或者，他们可能会决定在自己的部门会议上应用行动学习，这样就可以向高层管理者展示行动学习的效力了。

有些行动学习的支持者发现，更为有效的方法是引入外部资源，把行动学习的原则和益处介绍给组织，这些外部资源可能是来自另一家公司的对行动学习强力支持的领导者，也有可能是经验丰富的行动学习教练。通常来说，领导者对于尝试新的系统或工具会感到有些担心，除非他们知道其他公司有成功的经历。因此，提供那些已取得成功的公司的案例，会非常有帮助。

获得并维持高层管理者的支持检查表

- 高层管理者是否下决心开展行动学习？
- 管理者是否了解行动学习的好处与期望？

- 哪些信息或背书会增加他们的支持？
- 他们会为行动学习小组提供时间和资源支持吗？
- 他们是否意识到并支持行动学习所带来的文化变革？
- 他们是否认同项目的总体目标？
- 他们是否希望把领导力开发作为行动学习项目的一部分？团队建设呢？组织文化变革呢？
- 是否已经与潜在的参与者及其管理者讨论过项目及其目标？
- 管理者和参与者是否了解项目所涉及的时间因素？

三星如何获得最高管理层对行动学习的支持

三星的行动学习是由人力资源部向高管层推荐的，人力资源部通过对标杆企业（如通用电气）的学习来了解行动学习，也参加了WIAL的行动学习论坛。人力资源部说服高管层将行动学习作为发展商业领袖的战略工具，所设计的行动学习项目为期5个月，既有线下活动，又有线上培训，在最后的项目汇报阶段，包括首席执行官在内的所有高层管理者都到现场参与。三星高管负责为行动学习小组布置战略性问题。高管全程参与行动学习项目，从最初的问题选择到最终的评估，以确保提出的解决方案能够真正发挥作用。首席执行官本人参与了问题的选择、行动学习参与者的确定、中期的战略发展报告以及行动学习项目的评估等环节。

成立行动学习项目管理团队

为了确保行动学习在组织中的成功引进与实施，需要具备四个重要的支持系统：（1）指导委员会；（2）行动学习倡议者；（3）行动学习项目经理；（4）行动学习小组成员的直接上级。

指导委员会。行动学习指导委员会是一个高级别的管理小组，对于业务目标的审批、学习的策略和行动学习项目的预算拥有最终的决定权。活跃的高层发起人对于人们去承受更多的风险、拥有更大的开放性是一种鼓励。所有的学习都需要一定的勇气，一个有风险承受力的环境鼓励团队成员进行积极的尝试，积极挑战自己的假设，并最终促进学习、提升绩效。由于在行动学习中所提出的建议有可能会挑战现有的、公认的管理模式，所以，由高层指导委员会明确支持的开放的环境，会为真正的探询搭建一个舞台（Marquardt et al., 2009）。

行动学习倡议者。高层管理者应该确定一个人来担任行动学习倡议者，这位倡议者要为行动学习小组提供支持，并确保这种支持能够持续下去。同时，他也是行动学习的啦啦队队长，要向高层管理者和整个组织推介行动学习、招募问题发起人，并定期向组织汇报行动学习小组的进展。倡议者是高层管理者与行动学习项目之间的关键连接纽带，不断地为组织寻找新的行动学习机会。倡议者是组织内部的人，他要确保行动学习项目在组织中拥有较高的曝光度和接受度；他理解项目的性质和重要性，在确保小组取得必要的资源方面有一定的影响力；他与组织的关键领导者共同确保行动学习项目获得相应的支持，确保行动得以实施；他要确保适当的公司人员能够协同为行动学习小组成员提供时间、回应和资源，既可以为整个小组提供，也可以一对一提供。

行动学习项目经理。项目经理的作用是计划、监控和测量行动学习的影响和成效，包括提出与业务目标、人才和学习策略相关联的项目设计。行动学习项目计划的制订（包括项目范围与质量、变革课题、人员配备要求、沟通计划、风险、评估策略和预算要求等）

也是项目经理的一项重要职责。项目经理负责整个项目的质量，使运作过程顺畅，并对指导委员会、项目倡议者或小组成员的要求做出回应。项目经理还要安排发起人、小组成员和指导委员会的培训工作，还包括预算管理、项目过程中主要事件的管理以及各项沟通工作。

行动学习小组成员的直接上级。经常被忽略但非常重要的行动学习支持团队是参与者的直接上级。参与行动学习需要从核心工作中挤出时间来，这个时间是参与者及其直接上级的一次投资，需要在一开始就确认下来。直接上级可以提供的其他方面的组织支持要素包括：及时、相关和具体的反馈，以及适当且有意义的影响（Rummler & Braceh, 1995）。直接上级也可能参与小组成员的推荐工作。在行动学习项目开始之前，直接上级、行动学习教练和参与者需要一起讨论并确定个人的发展重点，并确定来自行动学习会议的学习收获和想法如何在工作中应用、如何让组织获益，这一做法非常明智。

成立行动学习项目管理团队检查表

- 行动学习指导委员会建立了吗？
- 指导委员会中有高层管理人员以及跨职能部门的代表吗？
- 是否有行动学习倡议者？
- 倡议者有清晰的责任和充分的权力为行动学习项目提供必需的支持和资源吗？
- 行动学习的项目经理具备协调和支持个人行动学习课题的技能和权威吗？

- 行动学习参与者的直接上级支持他们的员工吗？
- 讨论过关于学习收获和行动对部门有什么益处的期望吗？
- 如何处理行动学习小组的建议和行动？

行动学习导入工作坊

一旦高层管理者对于在组织内导入行动学习表示了支持，并且成立了支持团队，那么，把整个组织"拉到同一条船上"就很重要了。实现这一目标的最佳方式是举办一次导入工作坊，让每个人了解行动学习的原则和收益，这也是展示高层管理者对于在组织中应用行动学习的支持的大好机会。一些组织会延长工作坊的时间来召开一两次行动学习会议，使员工可以体验行动学习并现场观摩。工作坊会让员工对于行动学习产生热情，激励他们参与，有时，还会鼓励他们在自己的业务单元中成立行动学习小组。因此，工作坊要设计合理、流程顺畅、内容翔实完善，要能够调动整个组织开展行动学习的动力，得到整个组织的承诺。

安排工作坊

在准备导入工作坊时，必须做出一些关键性的决策。首先，谁来举办？企业内部是否有人有足够的知识和经验来引导和催化会议？或者，最好是寻求外部行动学习专家或与 WIAL 这样的组织合作。

为了确定组织的利益和关注点，你不妨对员工做一个非正式的调查，了解他们对于行动学习可能存在的预期、偏见、经验和误解。这些调查结果能够帮助筹办者和主持人为工作坊准备最适合的内容、案例和话题，解决大家关心的问题，阐明行动学习能够为大家带来的好处。

后勤工作也很重要。要为行动学习工作坊准备一个有足够空间、便利且安静的地方。要有足够的时间（最好两三个小时），而且不能太早或太晚，否则人们会迟到或早退。

不妨事先确定一个问题或任务，这个问题或任务能代表大多数参与者的兴趣，并且能够在较短时间内展现出行动学习的威力。如果事先确定不了，你需要在工作坊现场寻找一名志愿者提供一个问题。不过这样做有一定的风险，因为通常没有人会自愿提供问题，或者提出的问题太复杂，无法在较短的时间内处理，或对于出席工作坊的人来说不具备重要性。

理想的情况是，组织中的每个人都有机会参加工作坊。但如果空间有限，只有有限的人可以参加，就一定要邀请决策者和那些可以迅速将该项目付诸行动的人。有一点非常重要，那就是要将工作坊的相关信息广泛发布，激起大家参与的意愿，捕捉大家的好奇心，突出可以给大家带来的好处。即使管理者要求大家踊跃参加，在研讨会之前通过口口相传或利用传单和公司媒体进行宣传来调动大家的热情仍然非常有价值。

在实施工作坊之前，请高层管理者，或至少是一些管理人员确定他们想让行动学习小组近期研讨的问题或任务。这样做能够充分利用工作坊所创造的动力，并将这种能量快速转化到行动学习项目之中。其他需要在实施工作坊之前准备的事项包括：决定行动学习小组成员是通过自愿还是指派的方式确定；确定行动学习小组的时间框架；选择行动学习教练。

工作坊内容

两小时的工作坊有三个组成部分：行动学习概览、行动学习示范、答疑及接下来的工作安排。

行动学习概览（30～45分钟）

在导入工作坊的第一部分，与会者需要清楚下列主题：
- 什么是行动学习，什么不是行动学习（行动学习与质量小组、任务小组、户外探险小组和其他问题解决小组的区别）；
- 行动学习的益处，即解决复杂紧迫的问题，开发领导力、团队及组织；
- 行动学习的六个要素和两条基本准则；
- 单问题式和多问题式行动学习；
- 行动学习的基本原则和程序。

行动学习示范（30～45分钟）

行动学习需要示范；除非亲自看到或经历，否则无法解释行动学习如何以及为什么有效，也无法证实其威力和益处。如果组织已经确认了问题，就要宣布问题并确定四五名志愿者。如果没有确定问题，那么主持人需要四五名志愿者，其中一个人要愿意分享一个问题或挑战供小组研讨。

志愿者要聚集在讲台上或一个中心位置，让所有观众都可以观察到和听到志愿者之间的互动以及行动学习教练的提问和评论。这时，需要提醒志愿者说话时大声一点，即使是与邻近的人交谈也要如此，以便观众也能听清。

主持人／顾问应该担任起行动学习教练的角色，因为只有经验丰富且熟练的人才能充分进行示范。成功的示范在很大程度上取决于行动学习教练的能力。

教练要事先说明，由于时间关系，他只能简要地对行动学习的各个阶段做示范，迅速跳到后续阶段，以便在规定的时间框架内完成所有的阶段。他还要说明，他自己担任行动学习教练和培训师的双重身份，他会强调行动学习的原则，并向观众描述过程中所发生的事情。因此，与正常的行动学习教练角色相比，他会更加活跃，说话更多。

为了保持观众的兴趣和学习成果，教练要请观察者注意行动学习小组的变化、行动学习教练对于小组的影响、领导技能的例子，以及提出的好问题。在示范过程中观众成员不能提问，因为这样会破坏小组的凝聚力和方向，并且会占用示范的时间。

在示范过程中，小组要快速经历重构问题、确定目标和提出策略等几个阶段，教练也许会有一两次的介入。在小组工作了15～25分钟后，教练会告诉小组他们还有5分钟时间用于解决问题和提出策略，之后他会用一些反思性的提问来结束整个演示过程。在演示过程中，小组会提出一系列策略，问题描述者或组织的代表需要对这些策略进行思考。

演示结束后，教练要询问问题描述者：基于小组提出的想法和策略，他会采取什么行动。在问题描述者介绍完计划采取的行动后，教练会问他是否得到了帮助，以及是如何得到的。当然，他一定得到了帮助，因为问题已经得到了澄清和重构，当问题被透彻讨论，并且从不同的视角探索过之后，积极的结果总是会出现的。

教练利用最后5～10分钟对行动学习小组提出一系列的问题，发掘个人、团队和组织的学习收获，同时提醒观众思考他为什么要问这些问题以及这些提问的预期影响是什么。

答疑及接下来的工作安排（15～30分钟）

组织的主持人或行动学习教练接下来要问观众，在与小组和教练的提问、学习和行动相关的各个方面，他们观察到了什么，还要解答观众对于行动学习原则和实践方面的疑问。重要的是，这期间讨论的重点是在过程中发生了什么，而不是问题本身，因为问题可能已经通过多种方式解决掉了。由于具有不同的视角，一些观众可能会有一些替代性方案，但是，讨论某些人所认为的更好的替代方案既无成效也不明智，因为这样会错失示范本身的关键价值，即行动学习如何有效以及为什么有效。

此时，另一种选择是在教室前面组建一个由组织的高层领导者、行动学习教练、公司的行动学习倡议者组成的小组。一般情况下，在接下来的关于行动学习的提问和讨论中，小组可能会开始确定观众对于行动学习的理解和承诺，以及组织开展行动学习项目的具体行动和步骤。

所有参与者体验行动学习的机会（2～4小时）

许多组织认识到了让尽可能多的人（尤其是高层管理者）体验行动学习的价值而非仅仅观摩。因此，它们会将导入性项目延长2～4小时，让与会者能够经历一两次行动学习会议。这些会议可以强化大家对于行动学习解决问题的威力和速度的认识，并且能够提升参与者的领导技能。

在 Fraser & Neave 公司导入行动学习项目

总部设在新加坡的全球化公司 Fraser & Neave 规划了一个7天的行动学习导入工作坊，每天都有50名管理人员参加。因此，共有350名管理人员了解和体验了行动学习的威力，他们开始在各自的业务单元中使用行动学习来解决问题。一段时间之后，该公司举办了一次行动学习展示会，会上展示了好的行动学习项目，从而使整个组织对行动学习的认识和承诺得到了强化。

导入工作坊的好处

导入工作坊有多种用途。它不仅使组织和潜在的小组成员了解了什么是行动学习，行动学习是如何运作、如何帮助个人和组织的，而且开启了筛选流程，确定哪些管理者现在对于这个工具有足够的信心，愿意在他们的部门内启动行动学习项目。另外，导入工作坊还有可能识别出哪些人想参加行动学习小组，哪些人可能会成为行动学习教练。导入工作坊所产生的动力会迅速转化到一个或多个学习小组之中。

行动学习导入工作坊检查表

- 高层管理者支持工作坊，并会出席工作坊吗？
- 有足够的展示和示范行动学习的设施吗？
- 有足够的时间吗？
- 所有合适的人都参加了吗？
- 行动学习的基本要素都满足了吗？
- 示范活动得到很好的组织和策划了吗？
- 组织为示范阶段确定了合适的问题或挑战了吗？
- 组织／员工对行动学习的热情度如何？
- 是否完成了工作坊相关工作，以确保参加者：（1）对于行动学习的基本概念和机制有切实的理解；（2）认可反思性提问和持续学习的价值？
- 需要外部资源和关联吗？
- 在组织中开展行动学习项目的时间框架已经建立了吗？（这是可选项，但是，这对于让参与者意识到组织对于行动学习承诺的程度非常重要。）

牛津大学出版社的经验

通过对牛津大学出版社众多行动学习项目的反思，我们得出了下面的经验，以确保未来的项目可以取得更大的成功：

- 确保获得高层管理者的支持，确保课题发起人充分认识到其角色的重要性。不但要坚持向发起人进行汇报，而且在课题开始之前请他们和参与者一起培训。必须有处理问题的最佳人选，这些人能够有效管理自己的时间来完成相应的任务。

- 问题内容至关重要。问题和项目选择不适当就注定要失败。问题必须要大，但不能大到让领导者难以承受，所需完成时间不宜超过六个月。

- 问题的简报可能需要多次重新协商。必须有一些限定性的结果，也要注意持续改善的疲劳。参与者和组织通常会对传播相同的信息感到厌烦。要对问题进行有效的营销和富有想象力的推广。

- 行动学习项目的目的是采取行动。应该鼓励参与者采取行动和做出决策，而不只是提出行动的建议，这是行动学习项目的本质要求（Marsh & Wood, 2001）。

选择和准备行动学习教练

行动学习项目的成功取决于教练的质量，尤其是在初始阶段。如果教练胜任自己的角色，项目就有可能实现创新性地解决问题的目标，以及个人、团队和组织学习的目标。组织应该做出如下三个与行动学习教练相关的决策。

教练应该来自组织内部还是外部？

组织需要决定是否有兴趣从外部引入经验丰富的教练（理想情况下最好是认证的教练），是否有相关的资源。如果组织选择内部教练，需要确定由谁来选择教练、选择的标准是什么。也要回答像"我们能提供多少名教练？"和"我们只从 HR 员工或者管理者中选择教练吗？还是可以从其他员工中选择？"之类的问题。

无论教练来自内部还是外部，关键是他们要对行动学习教练的作用、责任和特质有切实的理解。他们应该对于提出反思性的问题感到自在，对提问的力量而非自身的力量有信心。重要的是，他们要能够约束住自己不卷入问题本身，这是一个挑战，尤其是对于内部教练来说，因为他们对问题很熟悉，或者他们希望得到自己喜欢或渴望的解决方案，会忍不住跳入问题解决之中，而不是将关注点放在学习之上。

> **领导和教练在美国农业部的成长**
>
> 美国农业部也在寻求高效节约的工具来提升领导者的领导力，它选择了行动学习。为了建立起持续开展行动学习的内部能力，不再从外部聘请行动学习教练，该组织开展了一个并行项目培养两位内部教练。两位教练首先接受行动学习教练的培训，然后在最初的两个领导力项目中逐渐承担越来越多的教练责任。

教练应该由小组成员轮流担任吗？

在特定的小组中，行动学习教练可以由一个人永久担任，或者在小组的生命周期中由成员轮流担任（在每次会议中由不同的人来担任这个角色）。轮流担任教练角色的好处是，每个人都可以在担任这个角色的过程中自然有效地发展一些关键的领导技能。例如，当一个人担任教练时,他经常会看到一些陷入问题解决细节时看不到的东西。轮流在小组中担任教练还可以减少从外部引入教练的时间和成本。请外部教练的优势是整个小组都可以把全部注意力放在问题上。

如果与外部行动学习教练签约,他要对组织的文化、使命、架构等具有一定的熟悉度。如果选择内部教练,无论是轮流担任还是永久担任,都要得到适当的训练,这一点很重要。无论内部教练还是外部教练,也无论轮流担任还是永久担任,教练都要熟练并为担任这个角色做好准备。在第七章中,我们研究了成功担任行动学习教练所必需的素质和能力。

如果内部成员担任教练,如何培养他们?

为内部培养行动学习教练的最好方式是与 WIAL 之类的组织合作。候选人可以参加公开的研讨会接受培训和实践,成为认证行动学习教练,也可以接受内部培训。许多组织,包括微软、古德里奇、Nationwide、富士-施乐、三星和松下等公司,都派员工参加外部的教练培训项目,并且安排了公司内部培训。在后文中我们会介绍两个案例,美国某政府部门和依视路国际都培养了内部行动学习教练,服务于组织开展的领导力开发项目,持续提升领导力。

内部人员要承担起教练的角色,还有第二种选择,那就是至少要完成以下三个阶段的学习:

参加行动学习小组

在担任教练之前,他应该作为行动学习小组成员来体验行动学习,了解当教练进行反思性提问时的感受,并且参与行动学习的各个阶段和学习过程。

担任经验丰富的行动学习教练的影子教练

下一阶段是在行动学习中做影子教练,进行观察。在会议结束后，教练会问影子教练发生了什么、教练提问的影响是什么。教练还会请影子教练从局外人的角度谈一谈自己从对会议的观察中学到了什么。

协同教练

第三个阶段是担任行动学习会议的协同教练。两位教练要事先约定好谁会在会议期间及会议结束后进行介入。在会话结束时，高级教练会问协同教练他感觉自己表现得怎么样、哪些地方做得好、哪些地方可以做得更好，以及他学到了什么。然后高级教练会询问其他小组成员，协同教练哪些地方做得好、哪些地方可以做得更好、是什么让他有效、哪些提问最有效等。

在波音公司选拔和训练教练

在波音全球领导力项目的不同阶段，行动学习教练与小组合作，帮助小组成员反思如何提高团队能力，如何将学习成果转化到波音公司运营的其他方面。在担任这一角色之前，行动学习教练要接受一个为期两天的强化培训课程。此外，这些教练在初始会议中担任教练时，还要接受指导。人力资源部员工和之前并没有小组催化背景的波音公司管理人员，都担任了行动学习教练。

选择和准备行动学习教练检查表

- 我们将使用内部还是外部行动学习教练？
- 我们需要认证教练吗？
- 如果使用内部教练，如何培养他们？
- 是由行动学习小组成员轮流担任教练，还是指定一个人全程担任教练？
- 我们所寻找的教练需要具备什么特质和标准？
- 行动学习教练知识渊博吗？经验如何？大家对于行动学习教练的催化方式感到自在和信任吗？
- 如果使用内部教练，如何维持和提高他们的技能？

确定行动学习小组成员

在组织导入了行动学习，并且为小组选定了所要解决的问题之后，就要考虑选择行动学习小组成员了。此时，应该考虑以下问题：

谁来决定小组成员的数量与资格？

当小组成员有5～6名时，行动学习最为有效。如果可能的话，成员不应该超过8名或者少于4名（见第三章关于小组成员的讨论）。小组成员可以是自愿的，也可以是组织指派的。如果是组织指派的，该指派应该由发起人、倡议者或高层领导做出。

选择小组成员的标准是什么？

参与者的选择应该考虑到个人经验与项目需求之间的匹配性。此外，组织应该从不同的业务单元、不同的年龄段、不同的学科背景等方面来寻求视角的多样化。小组成员的多样化对于提出新颖的问题和捕捉不同的观点来说是必不可少的。多样化也有助于打破隔阂，建设学习型文化。

小组成员应该是熟悉问题和背景的人与不熟悉问题和背景的人的组合。如果大家都熟悉问题或背景，小组难以看到"盒子"之外的东西，难以意识到自己对于背景与解决方案的假设。他们往往会太快、太频繁地说"不行"或"我们已经尝试过了"。如果不熟悉问题和背景的人太多，组织会觉得需要花费过多宝贵的时间来帮助他们"赶上"对问题已经很熟悉的人。然而，正如在第三章中所讨论的，在行动学习过程中，一个局外人可以通过新颖的提问、不同的视角和经验，快速为小组做出贡献，这些提问或视角更容易产生突破性的解决方案。

成员应该是被指派的还是自愿的？

一般情况下，单问题式/组织支持的行动学习小组成员是被指派的，多问题式行动学习小组通常由自愿加入的成员组成。组织可能会指派一些成员加入特定的行动学习小组，其原因主要有：

● 为了建设企业文化，组织希望来自不同业务单元的人一起加入小组；

● 组织渴望让某些人熟悉特定的环境或问题（许多高管开发项目会选择这种方式）；

● 正在考虑让某些人担任未来的领导职务，这是评估其真正潜力的一个机会；

● 高层管理者认识到新颖且多样化的观点的重要性，因此指派来自组织不同部分、具有不同背景和经验的人参加；

● 出于便利性和成本的考虑，组织会根据某些人的闲暇情况进行安排。

如果员工自愿选择参加行动学习小组，他们的选择可能是由以下因素决定的：

● 他们关心问题或关心小组中的人；

● 他们具有与问题相关的知识，并且有兴趣；

● 问题可能与他们的工作相关。

行动学习小组中要包括组织外部的成员吗？

小组中包括一些组织外部的人（例如，客户、来自非竞争性企业的个人、经销商或供应商）好处很明显。然而，必须要考虑到问题的紧迫性、外部人员的便利性以及使用外部成员的成本。当然，组织必须要权衡获得新想法和不同视角的优势与泄露内部机密信息的潜在损失。但是，外部视角可以帮助小组提出和推进新计划。例如，诺华公司就与一些非竞争性的公司成立了行动学习小组来解决各公司所提出的问题。

确定行动学习小组成员检查表

- 成员是自愿的还是指派的？
- 行动学习小组的规模如何？
- 小组要包括组织外部的成员吗？
- 行动学习会议的时间和频率如何影响选择潜在成员？
- 最合适的人加入行动学习小组了吗？
- 如何才能获得多样化的想法？

选择行动学习问题/项目

合理选择所要解决的问题或项目，对于行动学习的最终成功来说无疑很关键。需要创新性解决方案的紧迫、复杂的问题和项目，体现的是组织对于行动学习的承诺，能够促使行动学习项目产生更大的行动及学习成果。因此，无论问题是由个人选出的，还是由业务部门或组织的最高领导人选出的，都应该是紧迫的、重要的、值得解决的，并且要有一个明确的采取行动的时间框架。

在这个关键时刻，需要做出一些与行动学习问题的选择相关的重要决策。

应该选择什么类型的问题？

任何对组织重要且需要突破性策略来解决的问题都可以考虑。问题可能与运营、战略规划、人才、管理、市场营销、客户关系等相关，可能是需要几个月的时间才能完成的重大复杂问题，也可能是需要当天就解决的快速、紧迫的微型问题。可以作为行动学习问题的例子如下：

- 建立一个新的绩效评价体系（国泰航空公司用行动学习解决了这个问题）；
- 为公司的制造部门制定一个全球性战略（GE）；
- 处理心怀不满的雇员；
- 打造全球解决方案品牌业务；
- 改进信息系统；
- 使运营成本降低1亿美元（卡特彼勒公司）。

无论选择了什么问题，都必须是小组有权力和责任去解决并制定策略的问题。当问题给到小组后，就要告知小组成员，他们的任务仅仅是提出策略，还是也需要亲自去实施策略。

应该由谁来选择问题？

单问题式行动学习小组的问题通常由组织的部门经理或者CEO来选择。选择问题的人的层级越高，人们就认为问题越重要。在多问题式行动学习中，通常由小组成员自己来选择一个他们希望获得帮助的问题。

在波音公司选择行动学习问题

在波音公司的全球领导力项目中，问题最初是由人力资源部选出来的。然而，当波音公司的高管层认识到行动学习小组所提出的策略的品质之后，很快决定要选择范围更宽，且能为波音提供更大收益的未来项目。

在首次会议上由谁描述问题？

关于如何向小组描述问题，有许多不同的选择：

（1）问题所有者直接向行动学习小组描述问题。问题描述者应是自身面对问题的人，或与其他人共同面对。如果要解决的问题是一个组织问题，或者是某个业务部门的问题，并且有两个或两个以上的小组成员熟悉问题，那么，其中一位成员或者几位成员就要一起来描述问题，回答对于问题的提问。当然，如果问题所有者是行动学习小组成员，这表明他对于解决问题有强烈的兴趣，对于实施所提出的解决方案有更强的承诺度。

（2）问题所有者的代表向小组描述问题。有时候，当问题所有者是一位管理者时，他可能无法保证自己能参加小组的每一次会议（正如第三章所提到的，对于成功地解决问题和学习来说，出席每一次会议是必不可少的），或者他感觉自己的存在会减弱小组寻求创新性答案或探询根本原因的自发性和勇气。在这种情况下，他可以指定一名代表来描述问题，并确保小组提出的策略得以实施。

（3）组织或问题描述者准备书面文件，在第一次行动学习会议开始前或一开始分发给小组。组织可能会花费大量的时间来确定一个关键的组织问题，然后准备一个文件，说明问题的背景、意义、预期目标以及解决问题的时间框架。如果问题所有者不能成为全职的小组成员，他应该出席第一次会议，并回答来自小组的提问。在会议之间，他要能够随时回答提问，并表明他对于所考虑策略的支持或怀疑（因为问题所有者可能是那个了解信息、能提供帮助或关注问题解决情况的人）。在可能的情况下，准备文件的人要出席第一次会议，提供对于问题的初始描述，并回答小组的提问。这个做法将有助于小组重构问题，也可以帮助小组成员明确业务问题及其交付物。

（4）如果是小组本身所经历的问题，没有人描述问题；请每个人把自己所理解的问题写下来，然后与小组的其他成员分享。通常情况下，行动学习小组待解决的问题是全部或大部分小组成员都经历过的。因此，与其让一个人来描述问题（只是一人之见，可能与小组其他成员的看法不一致），最好给每个人一个平等描述他所认为的问题的机会。例如，一个组织内部的问题，在某人看来是士气问题，另一个人可能认为是领导力问题，第三个人可能认为是企业文化问题，第四个人可能认为是能力问题。让所有成员都提出自己的观点，然后成员就可以通过彼此提问来解释他们为什么会如此看待问题了，会议也就由此展开。

在描述问题时要包括哪些方面？

对于问题提供的信息太少（使小组成员毫无目标）或者太多（限制了小组思考解决方案的范围）都不好，这需要一个很好的平衡。在描述问题时，问题描述者需要考虑到以下几个方面：

- 问题的背景是什么？
- 组织将如何衡量项目团队的成功？
- 你能给小组提供的关键信息是什么？商业／战略规划、营销计划、竞争信息、财务结果和计划，还是标杆数据？
- 谁是小组应该会见的业务／职能关键人物？
- 谁将负责安排人们与问题小组（例如，市场营销、财务、制造、法律、采购）的会面？
- 你怎样帮助小组接近关键利益相关者？
- 谁来安排这些会面？
- 小组需要关注企业之外的哪些关键人员——客户、供应商、竞争对手、行业协会、政府机构？

解决问题的速度应该如何？

问题通常会有一个需要做出决定以及完成的最后期限。如果需要当天下午解决问题，行动学习小组就只能会面一次；如果需要在下周做出决定，组织可以安排小组兼职或者全职会面；如果最终的行动日期是一个月或六个月之后，小组就以兼职的方式会面。

问题描述者应该保留什么权力？

许多管理者不能或不愿意将权力和决策权交给一个可能会提出他们不太满意的行动方案的小组。如果小组很快认识到他们只是提供建议，而这些建议有可能会被组织采用，也可能不会被采用，那么，要想让行动学习项目持续下去是非常困难的。克服这种情况的方式包括：

● 提供多年成功应用行动学习的相关组织的案例研究，如三星、诺华、微软、波音等公司。

● 选择一个重要但其主要影响限于内部，并有足够的时间进行临时测试和行动的问题。

选择行动学习问题/项目检查表

- 谁来选择问题——组织、个别管理者还是小组成员？
- 谁来描述问题？
- 问题是否符合行动学习的标准？
- 问题是可行的和可管理的吗？是紧迫且重要的吗？
- 问题能提供学习和发展的机会吗？
- 有完成的时间框架吗？
- 问题或项目需要与高层领导讨论吗？
- 管理者和参与者明白这些问题的解决时间吗？
- 是真正的问题吗？还是管理者已经有了解决方案？
- 组织对于可能的策略有限制条件吗？
- 小组需要解决的是一个问题还是多个问题？

- 小组有权实施他们所提出来的建议吗？
- 要实施方案，需要先向高层管理者汇报吗？如果需要，小组要向谁汇报？

行动学习的实施

> 行动是一切成功的关键。
>
> ——巴勃罗·毕加索（Pablo Picasso）

保证成员就位和确定行动学习项目

在第一次行动学习会议之前或期间，在小组开始解决问题之前，需要处理一系列后勤和需要澄清的任务。

安排或确认会议的日期、时间、频率及地点

小组成员要参与小组的每一次会议，这一点很重要。如果第一次小组会议之前所确立的日期与某位成员的日程安排有冲突，其余成员要考虑如何帮助这位成员重新安排日程或者优先级事项，或者重新安排整个小组的日程，以便每个人都能出席。宁愿减少会面的频率，也要保证每个人都能出席会议。记住，行动学习小组在团队精神及从这种团队精神所累积的效力方面是非常独特的，因此，小组所花费时间的质量比数量重要得多。

小组需要再次确认，他们是否要全职、兼职会面，或者只是会面一次，这个决定可能会在第一次小组会议之前由高层管理者做出。

全职参加行动学习

当组织必须快速做出决定或立即提出解决问题或危机的策略时，就需要采用全职的方式。全职行动学习小组的好处是，成员不太可能被其他的工作所打扰。小组成员不会在研讨期间被拉出小组，能够将其精力和努力集中在解决问题或提出策略之上。

兼职参加行动学习

兼职方式让成员在会议之间有时间和机会收集信息、实施策略。此外，个人和组织自身也能更容易地看到领导者、团队成员和专业人士的成长。许多问题允许行动学习小组在一个较长的时间段内以兼职的方式来解决。兼职方式有很多好处，它允许成员完成他们的常规工作，组织并不需要在他不在工作岗位时安排其他的资源完成相应的工作。（尽管行动学习会议确实可能会在非工作时间开展，但这表明组织对于行动学习的投入不够。）

越来越多的组织开始开展全职方式的行动学习项目，特别是作为领导力开发的一部分时。像波音、联合利华、杜邦等公司，会让高层领导者用1～3个月的时间来完成行动学习项目，解决公司的重大挑战，并开发关键的领导力。一些组织，如通用电气，会开展为期1～2天的工作日或周末行动学习项目。其他组织则倾向于持续1～2个月的项目。当然，会议的时间安排一方面取决于组织的问题，另一方面也要考虑小组成员能力开发的需求。

一些行动学习小组只开一次会，因为所要解决的问题时限较紧而且问题已经明确界定出来了，这时，所选择的小组成员的便利性（距离、其他承诺），即时间和资源可以马上使用是非常重要的。

组织应注意不要过分限制小组用来解决问题的时间。时间太短，大家无法充分理解问题，导致解决方案也不太好。要想在会议期间以及会议之间获得系统的观点，确定最大的杠杆点，就需要一定的时间投入。

> **百时美施贵宝公司的兼职行动学习项目**
>
> 百时美施贵宝公司是一家全球领先的医疗保健公司，它开展兼职行动学习项目来解决最复杂的挑战已经将近 10 年了。行动学习小组在 2～6 个月的时间内每周或每月会面 2～3 小时。行动学习项目包括提出营销策略、审查工厂倒闭，以及增加客户支持的方式等。

明确行动学习会议的特定学习目的

组织和小组成员都可以为小组确定特定的个人和组织学习目的。大多数小组都有个人能力开发的目标，这些能力既可以是组织期望领导者具备的能力（如波音、微软），也可以是由个人确定的特定能力（如美国农业部）。个人也可以请其他小组成员帮助他开发一些特定的个人技能，如处理冲突、倾听，或者对模糊的忍耐等。有时，高层领导希望领导团队在行动学习会议中强化团队意识或更好地协作，并将这种项目成果持续下去。组织可能确定一些改变组织文化和能力的目标，也期望学习成果能够系统地转移到整个组织中。因此，行动学习教练需要安排实现这些目标的时间和精力。

个人领导力目标可以在第一次会议之前确定，也可以在会议一开始确定。事先确定领导技能或组织目标，便于每个人进行思考，当教练请大家举出一些领导力行为或应用机会的例子时，能够更好地提供具体的细节。

开始第一次会议

在第一次会议开始之前，所有小组成员应该了解总体原则，六个组成要素和两条基本准则是行动学习实践的基础。否则，他们就不明白为什么要专注于提问和倾听，或者行动学习教练为什么要这样做、有什么权威。没有得到正确引导的成员可能很快就会变得沮丧起来。他们可能会觉得小组在澄清问题上花的时间太多，没有迅速提出解决方案。

另外，永远不要假设小组成员已经了解或记住了行动学习的原则和准则。即使每个人都出席了导入工作坊，他们记住的内容可能也会完全不同，或者忽略了一些关键要素。因此，小组里的某个人，通常是行动学习教练，应该在首次会议的一开始花几分钟的时间明确行动学习要素，并确定成员是否存在疑问或困惑。

确保行动学习的保密性

在行动学习工作过程中，所有小组成员必须相信他们对于组织、客户、员工和彼此的评论不会泄露。如果对于小组的保密性没有信心，问题描述者和小组成员可能不愿意分享他们所拥有的关键信息，在回答问题时也不可能诚实和坦率，问题解决的质量和小组的发展会因此受到严重阻碍。如果组织为所有的行动学习项目都建立了这样的规范，保密性的问题就可以在全公司范围内解决掉了，即在行动学习会议中分享的所有信息都是机密，除非得到所有小组成员的一致同意，否则不能在小组外分享。

保证成员就位和确定项目问题检查表

- 小组成员在行动学习原则方面得到明确的指导了吗？
- 小组成员知道行动学习与任务小组和其他问题解决小组的区别吗？
- 行动学习教练的角色明确且得到认同了吗？
- 是否有特定的组织或个人学习目标？

- 大家对于与保密相关的基本规则、开始和结束时间、获得支持、在会议之间采取行动等达成共识了吗？
- 小组成员就未来的会议日期安排达成共识，并承诺定期参加会议吗？
- 是否有获得必要的外部资源和知识的途径？
- 有对于问题的主人翁意识和责任感吗？
- 会议结束阶段留出足够的时间用于反思、学习和应用了吗？
- 成员对解决问题有兴趣并愿意投入吗？
- 每个人都承诺出席所有的会议吗？
- 如何处理冲突、个人控制局面、成员缺席及不愿意分享信息这些情形？

重构问题、确定高水平目标及提出策略

如果行动学习小组开会的次数多于一次，并且在会议之间有合理的时间量，行动学习小组的价值就会更大，因为小组可以对问题进行重构，能够制订两次会议之间的行动计划，而且在小组进一步开展工作之前，可能也需要一些外部的信息和资源支持。另外，小组和成员也可以实施小组提出来的行动，在下一次会议时汇报，大家可以根据早期行动的结果规划下一步的行动。同时，开发个人技能也需要一定的时间，个人需要有更多的机会来发展他们预先确定好的技能。

但是，如果会议间隔时间太长（如超过 1 个月），可能就会错过制定和实施行动的机会，对于那些迫切需要解决的问题来说更是如此。此外，解决问题的热情、小组的凝聚力有可能会丧失，之前的决定和

学习成果也有可能会丢失。小组成员可能又会回到先前的通过陈述和过早下结论来解决问题的文化上，习惯争论而不是对话。

通常情况下，第一次会议的重点是重构问题和确定目标制定，后面的会议则主要用于提出策略和采取行动。行动学习大师级教练斯基普·伦纳德（Skip Leonard）和亚瑟·弗里德曼（Arthur Freedman）提出了模型（见图8-1）来说明行动学习小组在解决复杂问题时所经历的工作流程。

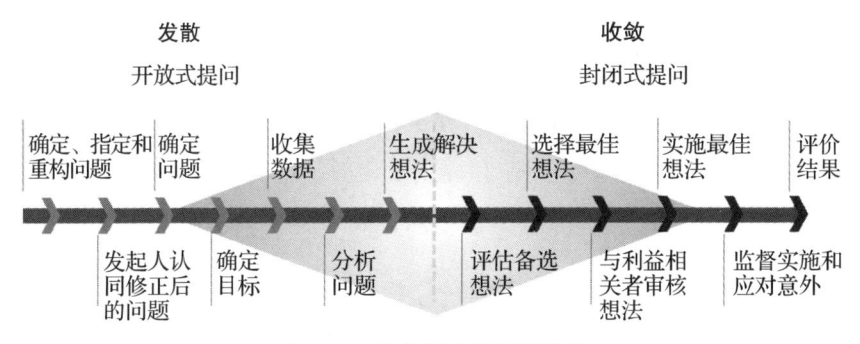

发散
开放式提问

收敛
封闭式提问

确定、指定和重构问题 → 确定问题 → 收集数据 → 生成解决想法 → 选择最佳想法 → 实施最佳想法 → 评价结果

发起人认同修正后的问题 → 确定目标 → 分析问题 → 评估备选想法 → 与利益相关者审核想法 → 监督实施和应对意外

图8-1 有效解决问题的阶段

教练要确信他的责任是留出足够的时间来捕捉学习收获，并协助小组提升解决问题的能力。虽然小组成员可能会自然地倾向于将所有的时间都用在解决问题上，并在下一步的行动步骤确定后立即离开，教练仍然需要坚持让整个小组花时间来检验其成长的情况，并确定需要改进的地方。在小组第一次看到他们所取得的成绩是花费在"挖掘学习收获"上的时间的结果时，这种阻力通常会自然消失。

行动学习小组有明确的时间段来产生明确的结果。每个小组都要花费适当的时间来重构问题和确定目标，这对组织或个人来说有重大且长期的益处。重要的是，要记住小组所制定的目标可能经常与最初提出的问题没有直接关系，但对于以最有效的方式来解决组织或个人所面临的情况来说，这显然是最合适的目标。

小组应知道自己对于解决问题的责任和义务。组织的声誉和未来地位，以及组织本身的成功，可能就取决于小组提出的策略的质量，以及其行动是否成功。因此，小组要全身心投入。对于小组来说，同样重要的是，要把每一个问题看作唯一的，与过去的问题不同，而且也不需要过去的解决方案。小组要避免太快地跳到解决方案之上，避免接受一个简单、平庸的解决方案。

正如第五章中所指出的，在典型的行动学习项目中，小组在检视和解决问题时有三个系统：α 系统（情境分析）；β 系统（调查、假设、实验、审查和回顾阶段）；γ 系统（成员和组织对于情境的心理倾向）。当小组成员解决问题和提出策略时，他们需要管理组织对于参与者和项目的支持与承诺。重要的是，小组对于什么可以改变、什么不可以改变要有清晰的边界。

在每一次行动学习会议结束时确定出所要采取的具体行动，包括谁来负责、截止时间。在下一次行动学习会议的一开始，要对这些行动的状态和结果进行回顾。行动学习小组在会议间隔期间实施大家达成共识的行动，直到最后的决策和整体行动全部确定并实施完毕。这种在每一次会议期间发生的发散（通过提问）和收敛（决定要采取的行动），以及在会议间隔期间所采取的行动，如图 8-2 所示。

图 8-2　在行动学习会议上及会议间隔期间的行动

> ### 波音公司的行动学习项目
>
> 波音公司的全球领导力项目分为三个阶段：导入阶段、在各国学习阶段和汇报阶段。导入阶段为期三天，是在美国国内完成的，内容包括介绍、导入培训以及来自波音公司内外部嘉宾的演讲。第二阶段在各国完成，这些国家是由公司管理委员会选择出来的具有重要战略意义的国家。该阶段为期三周，大家前往各国访谈商界领袖，听取专家演讲，融入当地文化。在进入这个阶段约10天后，波音公司的领导者们得到了由公司管理委员会选出的具体业务问题，这些问题是公司当前所面临的重要问题。参与者分成几个行动学习小组，寻找可以向波音公司的决策者汇报的解决办法和建议。行动学习小组成员在项目的最后两天返回美国。他们要用这两天的时间对项目进行回顾、提炼，形成小组汇报内容，以便在高层委员会定期召开的会议上汇报学习成果。波音公司整合了许多全球领导力参与者的建议，促进了公司在全球的成功。

重构问题、确定高水平目标和提出策略检查表

- 问题构建的质量如何？
- 是什么类型的问题——技术性的还是适应性的？
- 我们确定了真正的问题而不是所描述的问题了吗？
- 我们的目标具体、可衡量、可行并有利于组织吗？
- 我们正在提出新颖的问题并承担风险吗？
- 障碍已经确定了吗？
- 我们解决问题的投入度如何？
- 我们致力于创新性的、高品质的解决方案和策略，而不

是快速的解决方案吗？

- 我们确定了所需的外部资源和纽带了吗？
- 行动计划具体吗？是每次会议的组成部分吗？
- 在每次会议上，所要采取的行动（包括负责人及具体日期）确定了吗？
- 策略性行动被记录下来，并在下次会议上进行回顾了吗？
- 所选择的是具有杠杆价值的解决方案吗？
- 从行动中获得学习了吗？
- 我们考虑所提出策略的影响了吗？
- 在会议之间是否有足够的时间进行必要的信息收集和行动？

提出和汇报行动策略

对于行动学习小组制定的策略和行动，有三种可能的实施选择：

- 小组在最初成立时就已经被赋予了实施策略的权力，这种权力是小组成立章程的组成部分。因此，小组可以立即应用所提出的策略和解决方案。
- 小组可能需要向高层管理人员提出计划和建议，以得到批准。如果获得了批准，小组就可以实施策略了。
- 小组向高层管理者汇报他们提出的建议。高层管理者任命或成立另一个小组或业务单元来实施行动策略。

如果小组在获得外部小组（例如，高层管理者、发起人、业务单元总监等）的批准后才能采取行动，就需要花费必要的时间和精力来精心策划行动策略说明，以说服外部小组实施所提出的建议。该说明包括对于小组决策和建议背后的事实与数据的理性和感性的描述。一些组织（如波音、通用电气）不仅希望听到小组所提出的策略，还希望听到学习收获。

因此，当小组进入行动学习过程的最后阶段时，迫在眉睫的最后期限往往会增加小组成员的紧迫感，推动小组成员更加努力地完成工作。小组要在有限的时间内完成如下工作：数据收集、测试结果分析、建议拟订、向利益相关者介绍，以及制作报告和演示文稿等。汇报的准备工作非常复杂。在一些组织中，行动学习小组要在约定的日期和时间向高层发起人单独汇报他们的建议。在其他组织中，如克莱斯勒或固特异，所有小组都要向高管团队汇报，在一天的时间段内，汇报要分头进行。四个或更多的小组在给定的日期进行汇报，那么协调整个过程，确保每一个小组的建议都能得到适当的倾听就变得非常具有挑战性（Marquardt et al., 2009）。

小组的准备

接收建议的个人或小组应该给行动学习小组提供一个他们想要接收内容的框架，例如：

● 团队成员（包括发起人和教练）：确认为团队提供重要协助的人。

● 要改变的现状：以能解决潜在阻碍的方式来表述，并且表明项目对于组织的战略、愿景或价值观的重要性。回答这个提问："我们为什么对现状不满意？"

● 建议方案的简要总结。包括解决方案目标的陈述、项目目标、项目范围、完成项目的总时间框架、关键项目成员、总预算/成本估算等。

● 业务变革情况。这里应该包括投资回报率、现金流或其他业务影响的计算。为评估建议设置衡量成功的具体方法，包括实现目标的最后期限。

- 对成本和所需资源的现实性评估。评估应该包括人力资源需求，包括角色、技能和时间投入，以及实施解决方案所需的费用。
- 重要的里程碑式事件。包括时间框架、阶段和责任。
- 简要总结。对关键信息做一个总结。

在汇报之前，一些公司会提供演讲技巧培训。培训结束后，分小组练习演讲技巧并录下来。教练和每个小组一起观看录像，协助小组确定需要改进的地方。在克莱斯勒，最终汇报之前，所有小组都有一个向教练组模拟汇报的机会。教练要关注一系列非常具体的标准：小组可信吗？他们互相支持吗？说法令人信服吗？需要变革的情况明确吗？风险和收益确定了吗？如果要立即采取行动，需要什么条件？每一个小组都会收到来自其他小组和三位教练的反馈。

高管团队的准备

通常情况下，无论是面对面的中期会议、最后的汇报会议，还是虚拟会议，高层管理人员、发起人和教练都要做好评估者或反馈提供者的积极准备。平均来说，大部分小组有 30 分钟的时间来做汇报，然后有 30 分钟的时间来回答高层管理者的提问。

在汇报之后，高管团队集中在一起分享对于所汇报内容的印象和反应。教练则陪伴着小组回到准备间/汇报室。教练应该请行动学习小组对两个关键问题进行反思：在整个过程中，关于自己的心智模式和思考方式，他们学到了什么（双环学习）；关于组织和文化，他们学到了什么（三环学习）。教练要求每个人用几分钟的时间做出回应。最后，教练分发反思指南，为汇报结束一个月之后将要实施的协同教练总结会议做准备。

当小组在开展上述会议的同时，高管团队成员应该完成自己的反馈会议。其中一位高管成员要自愿担任项目行动的执行发起人。这位志愿者要记录好高管的评估讨论，随后向行动学习小组提供反馈意见。

提出和汇报行动策略检查表

- 行动学习小组是只提出建议，还是有权实施行动策略？
- 行动学习小组在提出建议的过程中得到指导了吗？
- 审议小组有哪些人？他们的期望向行动学习小组传达了吗？
- 对于决策者来说，什么是重要的？
- 如何处理和实施小组的建议？
- 在行动学习小组存续期间，高层管理者、发起人和小组之间沟通过什么？
- 行动学习小组会分享学习成果和建议吗？

实施行动策略

采取行动是任何行动学习小组活动的重要元素之一。如果小组只需要提出建议，学习和投入度将会大大降低。没有行动就没有学习，因为我们不能确定想法是否有效。

由于行动学习不仅要提出建议（正如许多问题解决小组一样），还要采取行动，组织的最佳选择是让小组实施自己提出的策略。然而，这种情况有时不太容易实现，有时只有另外一个小组或业务单元才有权实施解决方案，因为：

- 所提出的解决方案需要整个组织或世界各地的人一起行动；
- 只有高层管理者有权力实施这一策略；

● 行动学习小组制定的策略涉及原本被高层管理者或小组认为不必要的人员。

如果组织选择让行动学习小组之外的其他人实施解决方案，新小组的实施结果要提交给原来的小组，以便他们有了解行动策略的质量和影响力的最后机会。

只有通过实际测试，小组成员才能知道所提出的策略是否有效可行、是否实用、是否会产生一些意想不到的后果。如果有可能，行动学习小组要对所提出的部分或全部策略进行试点，这能够让他们对策略进行微调，对计划更有信心，并获得组织的支持。试点也可以促使小组对多种可替代策略进行选择，这样就不会有太多的策略需要实施了。最后，对试点测试情况进行反思，可以帮助小组继续学习，促使其完善最终的计划和行动。

要监测采取行动所带来的收益及意想不到的麻烦。对于每个行动项目，要明确谁负责实施、具体时间框架，以及关键节点的期望成果等。解决方案应该与组织中的其他工作相互补充和支持。行动学习带来的积极变革必须与组织的价值观和信息相一致。最后，不论行动成功还是失败，都要确保决策者和执行者对于行动有及时了解。

实施行动策略检查表

● 我们如何对策略进行试点？

● 从试点测试中我们学到了什么？

● 谁来实施策略？

● 如果行动学习小组不负责实施策略，小组如何获得关于结果的信息？

● 行动的策略清晰、系统、有时间限制吗？

● 在实施中有意想不到的困难吗？

- 问题解决了吗？采取行动了吗？
- 所采取行动的效果如何？
- 有充分的来自高层管理者的支持吗？
- 有后续的行动学习吗？

行动学习大大促进了强生公司的领导力开发，并且通过发现新的、令人兴奋的商业机会，改善了我们的业务。

——威廉·韦尔登（William Weldon），强生全球主席

行动学习的持续运用

评估和转化个人、团队及组织的学习成果

行动学习项目是在限定的时间段内为了实现特定目的而存在的。当完成了行动和学习目标时，小组就会随之解散。为了确保组织充分获取行动学习的威力和收益，定期且系统地评估行动学习项目非常重要。因此，在每个项目结束时，行动学习教练、组织的倡议者以及组织的其他关键人员，应该对行动学习小组的整体结果进行总结性评估。他们应该分析哪些有效、哪些无效、为什么无效。要仔细审查所建议策略的有效性、最重要的学习成果，以及这些学习成果转化的程度。

波音公司评估行动学习项目的影响和收益

波音公司在每个行动学习项目进行之中及完成之后都会进行广泛评估。后续的评估会在项目结束的3个月和1年后进行，编

> 制、分析相关数据，向波音高层委员会汇报。数据分析是由波音内外部的评估者一起做出的。基于这些评估结果，波音公司认为，全球领导力行动学习项目是帮助波音公司管理层提升全球竞争力的非常成功的方式，而这种全球竞争力是波音公司开展业务的关键。增强全球竞争力给公司带来的回报，被认为是最好的投资回报。

此外，行动学习小组以及高层管理者应该确定未来的行动学习项目在选择问题和小组成员、与组织的互动以及实施建议时如何更加有效。最后，还应该探索组织中其他的学习和培训项目如何更好地与行动学习固有的学习和发展结合起来。

三星的质变学习

孙喜佑，三星人力资源开发中心主任

行动学习已经成为三星企业文化的组成部分，成为推动公司未来发展的工具和策略。当行动学习小组成员成为未来的企业领袖时，他们将会转化和示范在行动学习中学到的方法和原则。他们的下属将会通过自己导师的这种探究性和反思型的管理风格，学到如何成为更有效的领导者和管理者，会把具有挑战性的行动学习过程作为他们走向未来的高级领导位置的必要准备步骤。行动学习也为他们提供了开发全球化和多维度心智模式的宝贵机会。

三星的行动学习项目还为整个公司的变革和创新提供了动力，将组织各部门的人汇聚在一起。事实上，三星行动学习项目的意义在于，该项目培养了800名管理领导者，提出了150多个在全球范围内应用的解决方案和策略。

三星的行动学习项目培育了一种独特的管理风格，这种风格

> 建立在反思和提问、执行后寻求持续反馈的基础之上。值得一提的是，行动学习小组所提出的创造性方法带来了新的业务，或者开拓了已经在很多行业和业务单元中得以应用的技术标准，确保了三星的市场领先地位。行动学习已经成为三星成为一流的全球性组织的战略工具和方法。

评估和转化个人、团队及组织的学习成果检查表

- 学习成果在整个组织中得到应用了吗？
- 个人发展和学习的质量如何？团队发展和学习的质量呢？
- 更大的、具有长期利益和杠杆价值的学习成果得到重视了吗？
- 对于团队和个人的学习成果有承诺吗？
- 有没有回顾学习成果？
- 对于学习成果如何在组织的其他部分中应用进行系统分析了吗？
- 对于行动学习项目的成员来说，最主要的好处是什么？
- 准备好向客户、经理和其他感兴趣的人做口头或书面汇报了吗？
- 公司未来开展的行动学习项目如何改善？
- 后续计划是什么？

可能会破坏行动学习的障碍与陷阱

在过去的25年里，本书各位作者与世界各地的数千个组织的合

作基本取得了成功。然而，有时行动学习也会失灵。以下是可能出现的问题以及我们推荐的补救措施。

不是真正或重要的问题

一位喜欢行动学习概念的高级经理说，他面临着一个商业挑战，也有解决问题的可靠策略，但他想看看他的领导团队所开展的行动学习会议是否会提出其他的可行方案。该经理扮演了问题描述者的角色，尽职尽责地回答团队问他的所有问题。由于他已经明确了真正的问题，并且知道如何解决这个问题，他没有从团队的提问中得到任何新的或更好的想法。在会议结束时，他表示很失望，小组并没有提出新颖的解决方案。

问题描述者或问题发起人必须具有开放的心态，以不同的方式看待他们向小组描述的问题。如果可以用以前没有考虑过的方式看待问题，那么强大的洞察力会带来创造性的解决方案。如果在某个地方（包括问题描述者的头脑中）已经有了问题的解决方案，或者问题不真实、不重要、太大或者太小，行动学习的威力就会丧失。最高管理者必须证明他们信任行动学习过程和行动学习团队，请他们解决组织面临的最重要、最复杂的问题。只有这样才能带来真正的学习、突破性的解决方案，并培养团队的主人翁意识和动力。

小组中成员太多

一位首席执行官坚持让所有 14 名直接下属都成为行动学习小组的成员，因为问题涉及所有人，他希望所有人都能做出贡献。行动学习教练认为，超过所建议的最大团队成员数量也是可以管理的，并努力尝试为团队提供支持，让所有的参与者都参与进来。但是会议并没有发挥那么大的威力，团队很沮丧。

太多的人会让真正的探索、积极的倾听和在他人想法基础上提出自己的想法变得非常困难。你有没有与 14 位参会者成功开会的经历？有些人会试图主导会议，而另一些人则会退缩。在一个行动学习小组中，建议的人数是 4 ～ 8，这个数字是基于经验得出的。如果成员太多，最好将他们分成若干个小组，每个小组处理不同的问题；如果成员太少的话，可以邀请一些志愿者参加进来。

组织忽视了小组推荐的策略

一项在公司范围内进行的敬业度调查得出的结果令人失望，看到这个结果之后，总经理成立了一个行动学习小组，研究如何重新激发公司的动力和自豪感。该小组召开了多次会议，访谈了组织的所有员工，并且评估了组织内外的许多相关主题。他们一致认为，造成不敬业的核心问题有三个，并且在最后一次会议结束时向总经理提出了一个全面的行动计划。总经理对小组的产出表示赞赏，并说他会考虑尽快实施。三个月过去了，小组没有收到任何消息。

当小组认为他们的建议马上会付诸行动，而这种情况并没有发生时，动力很快就会衰竭。当小组实施所提出的建议，或者至少知道提出的策略已经得到部署时，行动学习是最强大的。组织不但要计划行动学习会议所需的时间投入，还要计划实施这些建议所需的资源。

小组没有权力

一个组织要求行动学习小组解决"如何让组织更具创新性"的挑战。小组应用了行动学习的原则，并一致认为，缺乏创新的真正问题是最高管理层对于组织中任何人的新想法的反应方式。然而，当小组与来自高管团队的发起人分享了这一共识后，发起人退缩了，他说他希望听到的是应该首先采用哪些创新工具。

在寻找解决方案之前，行动学习小组会花费大量时间来了解真正的潜在问题。只针对问题的表象或症状寻找解决方案不会产生持续的影响。为了使行动学习取得成功，最高管理层必须真正授权小组对挑战进行挖掘，并委托其明确和实施解决方案。探索不同想法和采取行动的不同循环，可以保证团队在所有维度上评估问题，并找出解决问题根源的方法。

小组成员被拉出来

某工业组织的高管团队建了一个小组，利用行动学习制定三年战略规划，所有人都承诺在接下来的几个月里按时参加会议。第一次会议一切顺利，产生了许多好的想法和学习成果。在第三次会议上，首席执行官把营销经理叫出去召开紧急会议。在这之后的会议上，工程经理缺席，因为他必须出差去见供应商。

一旦小组成员开始从行动学习会议中脱离出来，小组很快就会失去专注和动力。当"救火"工作优先于学习和应对重大挑战时，小组得出的结论是，高层管理者的承诺并不可信。行动学习倡议者需要确保最高管理层支持团队的时间和精力，不仅在项目开始时是这样，而且要一直保持下去。哪怕少开几次会，也要确保全体人员都能参加，这比发生中途中断参与的情况要好得多。

行动学习既简单又强大。只要六个要素切实存在并且遵循两条基本准则，行动学习就能够一次又一次地产生关键收益。认证的行动学习教练可以确保小组学习并制定解决方案。同时，最高管理层、行动学习发起人和行动学习倡议者的持续支持至关重要。

只有当组织、小组和教练一起工作，确保具备六个要素和遵守两条基本准则时，行动学习才能带来好处。事后反思表明，失败的行动学习项目，往往缺少一个或多个要素。

使行动学习成为企业文化的组成部分

随着组织持续地取得行动学习项目的成功，高层管理人员自然希望将该流程制度化，使它成为企业文化永续、有机的组成部分。每当需要创新性的、强大的和快速行动的紧迫性问题或项目出现时，就会迅速成立行动学习小组。所有的高层经理都要被分配到行动学习项目中来开发组织所需要的关键领导力。当行动学习小组需要教练时，外部或内部教练能够迅速到位。

行动学习的原则和实践被纳入每天的日常行动。提问变成了公司沟通方式的一部分。在随后的事情中，例如绩效考核，管理者和员工会反思哪些地方做得好、下一期的绩效考核如何能够做得更好。在完成与客户的通话后，营业员会问自己：这个电话打得怎么样？下一次如何做得更好？我如何提升电话销售技巧？

在巴西利用行动学习选择新员工

来自巴西的一家大型国际零售银行对其甄选流程不太满意，因为该流程似乎让所有的相关人员都感到很沮丧，非常耗时，而且招聘结果也经常令人失望。他们请WIAL巴西分会帮助想出了一个在最后阶段筛选关键人员的创新性办法，即列出3～4名候选人与现有员工一起举办一次行动学习会议。这种方法为所有相关人员都带来了巨大的利益。人力资源总监（经常是问题的提出者）可以看到所有候选人都"在行动"，而不是使用准备好或经过培训的答案。他还可以看到哪些候选人能够提出强有力的问题——这与传统的重点在于展示自己知识的过程截然不同——并可以看到每个人从行动学习会议中取得的收获。候选人本身，即使是那些最终没有被选中的人，也发现这段经历是对时间的有效利用，认为公司尊重他们，请他们帮助解决一个真正的问题，他们说，从中学到了一些新的、有趣的东西。

行动学习项目的威力和成功会带来强大、显著的投入以及高层管理人员的进一步参与。如果能够正确启动和实施，行动学习可以成为组织独特、强大的工具，因为它可以同时且有效地为组织带来五大益处：

- 解决公司最紧迫且最重要的问题、任务、项目或挑战；
- 开发有效领导者；
- 建立高绩效的、自主式的工作团队；
- 将组织转变为一个能够快速适应外界环境变化的学习型组织；
- 培养教练能力，使各级领导者成为教练，支持团队提高生产力、学习成果和满意度。

随着行动学习越来越成为企业文化不可分割的一部分，下面这些情形的发生会变得更频繁、更容易。

解决问题

随着行动学习小组在解决问题和完成任务方面不断取得成功，组织看到这些技能和"可以做得到"的态度逐步应用到了解决每天所面临的问题之上。组织会注意到，组织有更为强大的能力去系统性地解决最复杂的问题了。问题能够易于重构，目标更加具有战略性，所采取的行动使问题得到了彻底的解决，而不是把问题转移到了组织的其他地方。最后，组织还会看到，大家更多地用团队的方式来解决问题，不再单打独斗了。

开发领导力

21世纪是全球化的、以知识为主导的世纪，需要的新型领导力在行动学习文化型的组织中非常流行，包括变革能力、学习能力、情商、伦理标准、问题解决与项目管理优势、自我认识和理解，以及仆人式的领导特质。已实施过行动学习的组织应该能够看到，它们的管理人员在如何领导、如何从这些新的领导特质中获得成功方面，与未实施过行动学习的组织相比有显著差异。使用行动学习的公司应该有更强的信心，组织的未来领导力会健康发展。

建设团队

在组织寻求处理组织生活的复杂性，响应 VUCA 商业世界中不断增长的客户期望时，团队合作至关重要。行动学习能够塑造理想的团队，这些团队具有快速且创造性地解决问题的杰出能力，并且具有高效和谐的工作方式。组织应该评估它们的团队现在是否更加有效和更加成功了——无论这个团队是业务单元、任务小组还是委员会。

创建学习型组织

行动学习最强大的潜在利益是它具备将一个组织打造成学习型组织的能力，用前花旗银行首席执行官沃尔特·里斯顿（Walter Wriston）的话来说，因为学习型组织"可以将竞争对手远远地抛在后头"。学习型组织具有显著的竞争优势，因为发生在个人、团队和组织层面的强大且相关的学习，将会加快知识获取和转化为产品、服务和利润的速度。行动学习小组可以看作一个微型的学习型组织，是学习型组织之所以如此强大的典范。通过行动学习，组织整合了如下学习型价值观和原则：

- 学习以绩效为基础，与业务目标相连接；
- 重视学习的过程（学习如何学习）；
- 存在发展知识、技能和态度的持续机会；
- 学习成为所有行动和工作的一部分，成为每个人的工作职责的一部分。

> **行动学习帮助星座能源成为学习型组织**
>
> 行动学习帮助星座能源成为一个真正的学习型组织。全公司都明白学习是高绩效的必要先导。每一位新经理都需要参加一个包括行动学习在内的领导力培养项目。在培训中，公司鼓励学员怀疑一切。学员使用行动学习不断为公司寻求更好的经营方式。

> 星座能源培养了一支由50位熟练的行动学习教练组成的教练队伍，每个工厂都有一位训练有素的教练，在有需要解决的问题时，他与小组一起合作解决问题。行动学习语言已经成为员工日常用语的一部分。

提升教练能力

行动学习小组的参与者亲身体验了行动学习的威力。有些人渴望接受培训，成为行动学习教练，以便在组织内部持续开展行动学习。即使那些并没有成为正式教练的参与者，在教练技能方面也有很大的提升，也从同伴教练、给予和接受反馈中获益匪浅，他们会把这些新技能应用到同伴和团队之中。提问、探索、学习、支持他人变成了所有受益并获得成长的人的一种工作方式。

在整个行动学习项目的关键节点上，组织应该仔细检查和评估行动学习是如何取得这些收益的，在努力挖掘行动学习所带来的收益的同时，组织应该继续寻找扩大行动学习应用的方式，从而提升组织解决问题的能力，培养人才。

> **行动学习的应用**
>
> WIAL每年都会在世界各地寻找那些已经将行动学习纳入公司整体文化的组织。WIAL组织奖的最新获奖者包括：中国南方航空、微软、松下、微星国际、佳能和亚洲航空。

使行动学习成为企业文化的组成部分检查表

- 行动学习项目所能提供的最重要的收益是什么？
- 组织问题得到更好的解决了吗？
- 行动学习还可以应用于其他问题或者组织中的其他部门吗？

- 在问题的重构或解决方面，员工有更好的表现吗？
- 相对于组织使用的其他方法来说，行动学习能更有效地解决问题吗？
- 组织已成为一个学习型组织了吗？
- 行动学习小组中的学习文化正在渗透到组织中吗？人们是如何学习的呢？
- 就像在行动学习小组中一样，在所有的运营与规划中，我们把学习放在最重要的位置上了吗？
- 我们通过不断的提问和反思来扩展学习了吗？
- 在一种情形下获得的学习成果，应用在整个组织中了吗？
- 为了改进学习，我们创造新的资源和网络了吗？
- 学习成果得到奖励和评估了吗？
- 领导力是如何得到开发的？
- 我们团队的质量如何？
- 人们正在更好地一起工作吗？
- 我们能够更好地在团队中工作吗？能更好地管理小组进程吗？
- 我们在管理项目方面更有效了吗？
- 我们的思考更系统了吗？我们正在冒更多且更好的风险吗？
- 我们更具有创新性吗？
- 我们能更有效地管理不确定性和模糊性吗？
- 行动学习项目的成员得到的最大益处是什么？
- 如何改进组织的未来行动学习项目？
- 组织是否培养了自己的内部行动学习教练，作为持续开展行动学习的方式和领导力发展的强化形式？

案例分析

> 最好的理解方法是举几个好例子。
>
> ——牛顿

下面我们会分析两个历时多年的领导力发展项目案例，行动学习是这两个项目的关键组成部分。

依视路利用行动学习发展管理技能

依视路是全球眼镜行业的领导者，年收入超过 70 亿欧元。依视路以其技术领先、创新、可持续发展，以及通过改善视力改善生活的基本使命而闻名。依视路的运营部门是一个由全球 30 多家制造厂组成的网络，拥有约 12 000 名员工。制造组织的使命是向世界各地的客户提供超越他们期望的产品和服务，不断提高运营效率，以安全和可持续的方式吸引雇员。

LIFE 项目的背景

在 2007 年推出持续改进方法之后，依视路的运营部门于 2013 年推出了一个更大的计划，名为追求卓越的精益计划（Lean Initiative for Excellence，LIFE），旨在通过减少不为客户创造价值的流程和步骤，改进管理实践，来优化车间和支持流程。依视路在不同的工厂启动了几批 LIFE 诊断和项目，取得了一定的成功，基于这些早期的成功，出现了一批强大的标杆和最佳实践分享的势头。从一开始，高层管理者的参与和新管理实践的开发就被认为是开展 LIFE 项目的关键。LIFE 项目诞生的关键因素有三个，分别是：对过去管理措施（成功与否）的深入研究、对工厂管理期望的深入评估，以及将 14 项管理原则作为所有团队成员期望的新行为的基础。各个层级的领导者，从高管团队到一线管理者，都要参加这个项目，其重点在于通过一套非常简单的工具，而不是自上而下的控制和指挥方法，培养教练、提供支持、提供与接收反馈的心态。

项目设计、试点和推广

LIFE 项目于 2015 年 9 月在墨西哥和泰国启动。在项目设计中，重点强调 70/20/10 原则，参与者被分成不超过 15 人的小组，便于进行深入的同伴学习和经验交流。占比 10% 的培训由 5 个为期一天的模块组成，这些模块是围绕创建和传达愿景，目标设定，团队合作，提供反馈，激励、委派和培养员工等主题进行的领导力培训。在培训中，理论讲授时长尽可能短，重点是练习、角色扮演和给予同伴反馈。这些模块在大约 6～8 个月的时间里分散举行。占比 20% 的反馈围绕与直接上级的一对一专门会议和定期的行动学习会议设计。占比 70% 的应用通过参与者与团队或同伴一起去实践他们在培训及会议中发现或重新发现的内容来实现。参与者使用学习日记定期总结自己的思考和行动结果。每一个模块都是从交流和分享开始的，交流分享的内容是每位参与者如何实施前一个模块中所学的内容。

管理团队在墨西哥和泰国的试点非常成功，到目前为止，LIFE 项目已经在世界各地的 17 个工厂和实验室中推出了。在全球范围内，过去两年之中，大约有 800 人参加了该项目，泰国作为依视路最重要的制造基地，有近 200 人参加了该项目。参加者喜欢项目的简单性和适用性，以及对于学习应用的关注，这与典型的培训项目截然不同。尽管参与者习惯与他们的管理者开展定期的一对一会面，但这些会面主要是关于运营安排的。有机会分享个人的事情、自己的成功和面临的挑战，对于大多数人来说都是一个深刻的改变，他们喜欢通过这种方式建立起更高质量的关系。行动学习会议（内部称为"协同发展"）对于许多人来说是第一次有机会与同行分享自己遇到的管理挑战。一些工厂决定将行动学习作为管理方式，继续促进管理工作的持续改进。

行动学习会议

每一组 15 名参与者在 6～8 个月的时间内参加了两次行动学习会议，这些会议穿插在培训模块之间。行动学习会议时长为 3 个小时，一半人在上午参加，另一半人在下午参加。会议由经过认证的行动学习教练主持。与会者带着一个重要的管理问题来到会议现场，在准备问题时，要使用一个简单的、有六个提问项的表格来思考。在会议现场，小组听取了每一个问题的一分钟介绍，然后投票决定在会议上解决哪几个问题。

每三个小时的会议分为三轮，讨论三个主题。一轮是围绕使后期的内部教练培训更容易开展的关键步骤来设计的，要求参与者只能提开放式问题，根据问题描述者的回答，参与者要写下他们认为的真正问题是什么。在发散阶段，目的不是就问题达成共识，而是邀请问题描述者进行倾听，并以之前从未考虑过的方式思考他的问题。然后邀请问题描述者向团队成员提问，此时团队成员可以分享自己的经验、想法或建议。在最后的收敛阶段，问题描述者反思自己对于问题的理解是如何发生转变的，并要确定出两三个想法去实践。三个主题完成之后，教练花大约 15 分钟的时间做一般性总结，总结内容包括：每位参与者学到了什么、哪些所学可以应用到自己所在的团队之中，即使自己的挑战没有在会议上讨论过，小组成员也要思考学习成果的应用。

由于各种原因，参与者对于行动学习会议非常热情。这些小组由来自不同部门的人组成，以前他们可能在业务上合作过，但从来没有讨论过这种管理挑战。他们都很欣赏从开放式提问中获得的知识，以及需要先确定真正的问题，而不是通常的倾向于给出建议的结构。而且一般来说，每个人都会带走一些他们以前从未考虑过的想法。他们也很喜欢与人分享挑战的机会，因为并非所有人都愿意与他们的直接主管讨论这些问题。

> 在过去，我听到的主要是答案；现在我听到的是理解。
> ——索姆杰特（Somjeat），行动学习小组成员

走向新的管理方式

行动学习会议受到了广泛的欢迎，大家认为这些会议非常实用，来自亚洲工厂的参与者决定定期举行这类会议。再一次从泰国开始，培养能够引导行动学习会议的内部教练的训练开始了。他们定制化设计了一个项目，六名教练组成一个小组，进行很多观察、练习和反馈。对于教练候选人来说，扮演教练的角色本身就是走出舒适区的坚实一步。大多数人习惯于在日常工作中扮演解决问题和提供解决方案的角色。一开始，带领一个小组分享和学习而不给出建议或想法，是让人感到非常尴尬的，但他们很快发现了帮助团队互相帮助的价值所在。

> 作为一名团队经理，成为一名行动学习教练让我开始更好地倾听，不仅在行动学习会议上是这样，在其他场合也是如此。
> ——彼得·林奇（Peter Lynch），行动学习教练

行动学习会议中所讨论的管理主题示例

- 如何处理经常休假的人？
- 如何才能更有效地授权？
- 如何激励某人留在我的部门？
- 如何鼓励工程师对于车间问题的主人翁意识？

- 当每个人都很忙的时候，如何培养团队的能力？
- 如何让人们遵守他们承诺的时间期限？
- 如何使我们部门的人更积极主动地思考？
- 如何确保行动计划真正在车间实施？
- 如何处理团队中长期存在个人冲突的两个人的关系？
- 当我的问题不是其他部门的优先考虑项时，如何获得它们的协作？

目前，这些工厂已经训练了好几批行动学习教练，周三已经成了行动学习日。每个星期三上午和下午分别召开一次行动学习会议。每次，教练都会与来自不同部门的参与者小组配对，并遵循标准流程展开会议。由于小组成员参加了不同的行动学习会议，所以最后的学习报告阶段也得到了相应的扩展，邀请小组成员反思他们作为团队领导者的整个过程，以及从 LIFE 项目中获得的关键收获。周三的行动学习已经成为一种新的管理方式。他们让始于 LIFE 项目的学习和分享得以持续。

行动学习会议带来了什么？

在第一个层次上，分享挑战的参与者带着他们从会议中得到的新想法返回工作岗位去实施。在随后的会议中，教练会请他们分享自己处理挑战的进展情况。另外，还有一些明显的、更深层次的收益。来自不同部门的同事花时间互相了解，并发现他们所面临的与其他部门所面临的相似。一位参与者在一次会议结束时承认过去自己没有得到真正的帮助（因为她知道该做什么但没有做），她说："很长一段时间以来，我认为只有我有这样的问题。仅仅是能够分享我的故事，然后发现所有人都有类似的问题，这就让我感觉好多了，不再孤单了。"通过行动学习会议，部门之间的纽带逐步形成，跨部门的工作更加顺利。参与者也经常分享到：在自己的团队中，他们成了很好的倾听者，很少带着评判来看问题了。

菲利普·梅尔杰（Philippe Melget，全球 LIFE 项目协调人）证实："经过两年的实施，通过员工的定期评估（团队成员评估他们的经理）可以看出，各个层级都能感受到 LIFE 项目的积极影响。现在面临的挑战是如何维持这种局面。行动学习（协同发展）无疑是应对这一挑战的关键工具，并已经成为推动行为改变的关键管理方式。"

6. LIFE 项目成功的关键是行动学习

一位泰国行动学习倡议者总结了成功的关键：

- 最高管理者的积极参与和榜样作用；
- 内部教练的培养，使行动学习实现自我运行；
- 分享和学习的心态，与解决问题互为补充；
- 关于项目状态的持续沟通，以及收集各级参与者的反馈。

下一步

印度和菲律宾的其他工厂及工程部门已经开始培养自己的行动学习教练，为保持 LIFE 项目所带来的收益奠定基础。

培养未来领导者

（案例提供者：威廉·蒂米希，项目经理）

LEAP 项目

LEAP 是一个为期 12 个月的领导梯队项目，旨在为未来的领导职位培养 40 位继任者。LEAP 项目基础来自人事管理局（OPM）的管理核心资格标准，该标准包括以下领导能力：领导变革、领导他人、结果驱动、商业敏锐度、建立联盟和沟通、团队建设、问题解决、果断、利用多样性、冲突管理、创新与创造、外部意识、战略思维和政治头脑。

LEAP 项目的目的是建立一个由成熟、合格和多样化的参与者组成的团队，这些参与者有资格竞争管理职位，确保部门运营的连续性。该项目的另一个目的是加强和扩大参与者对部门使命、架构、组织问题和运营的认识及理解。LEAP 项目包括个人指导、结构化的发展任务、课堂教学、高管影子计划、领导教练和团队课题。

初始试点

2015 年，某政府部门引入了行动学习来构建 LEAP 团队课题。六个小组被分配到该部门各下属单位的课题中，这些课题的指导人是高层发起人，由行动学习教练提供支持。为了确保参与者对项目管理新流程的信心，我们选择并培训了 LEAP 毕业生作为六个小组的教练。总体来说，根据参与者、行动学习教练和高层发起人的评论，这项试验取得了成功。项目结束，学员回到工作岗位之后，行动学习经历也会对他们持续产生影响。一位行动学习教练分享了以下经历：

> 昨天，主管要求我简要介绍向缉毒局汇报时提出的一项建议。会议进行得很顺利，下面是一些有趣的部分：会议开始时，我提出了三个问题，为会议定下了基调——提问、探询假设、考虑各种观点。接下来是富有成效的讨论和互利的交流，为后续行动迈出了坚实的第一步。有趣的是，直到我停下来进行反思，我才意识到自己做了什么！我要感谢你带领我们完成了行动学习的艰苦跋涉。老实说，起初我有点儿犹豫，但它真的在我身上发展起来了——发展得如此之快，显然我已经不自觉地在使用行动学习了！

当前的 LEAP 项目

作为 2015 年会议结果的反馈，我们将正式培训与行动学习小组的实践如何更好相结合这个话题放在了下次 LEAP 项目的导入部分。我们还邀请了 WIAL 认证讲师为我们的 6 名行动学习教练提供正式培训，而且还增加了一个双周会，让行动学习教练能够在会议上分享他们在小组内积累的经验和面临的挑战。

项目设计、发布和推广

在项目开展的那年秋天，我们通过多个渠道发出了征集行动学习问题的呼吁。这些问题是通过该部门首席人力资本官向所有执行官提出的特别要求。我们还联系了 LEAP 毕业生来确定可能为当前班级提供问题的潜在高管。与 2015 年的试点不同的是，我们向所有机构提供了一份"高管发起人行动学习问题申请表"。该表格的目的是筛选掉那些仅仅是困惑的问题，为行动学习小组提供发起组织的背景，确定大家要强化的领导能力（这些领导能力是行动学习小组以小组的方式开展工作完成具体问题的结果）。

新的设计引入了投资回报率（ROI）的测量，帮助小组向其高管发起人展现取得的成功。所有教练和参与者都接受了 ROI 专家的培训，因此他们现在可以向高管提供有关团队解决方案所产生的影响的数据了。我们还邀请 ROI 专家作为 6 个小组的内部顾问，因为它们最终要向发起人做 ROI 方面的汇报。

我们项目的另一个关键要素是记录来自团队高管发起人的最初问题描述与后续问题描述，目的是确定使用行动学习带来的突破性解决方案的程度。

行动学习问题、小组和教练

我们收到了针对 38 名项目参与者的 6 个行动学习问题提案，它们囊括了多个机构面临的紧迫且复杂的问题。

小组是在秋季成立的，按照计划 2016 年 10 月下旬他们拿到了问题。小组根据性别、职业方向的多样性来分组，此外，每个小组要有意识地包含不同职业等级的人，不要让初级和高级主管、非主管分别集中在一个组中。

行动学习教练也是以前年度和新 LEAP 毕业生教练的组合。这种组合的目的是让有经验的教练给新教练提供非正式的指导。选择教练的依据是他们所展示出来的教练技能（基于经验丰富教练的观察）和之前在担任行动学习教练时展现出来的兴趣。

行动学习会议

行动学习会议的启动会时长 90 分钟到 2 小时，由每个团队的高层发起人主持。行动学习教练参加了所有的会议，为团队学习提供支持，并回答发起人关于行动学习的问题。教练使用 WIAL 的脚本来说明行动学习的两条基本准则和以问题为基础的会议的指导原则。

项目成果及亮点

下面是一位高级执行官暨项目发起人对于行动学习小组工作的满意度的描述：

行动学习小组在每一点上都超出了我的预期。每次读到团队的建议报告，我们都会学到很多东西。我们已经实施了大多数关于如何改善机构的建议。伟大的小组，伟大的产出。我们迫不及待地想要寻找与另一个小组合作的机会！

行动学习项目为高管发起人和机构所带来的定性和定量的收益有三个：对正确问题、挑战或机遇的明确聚焦；发展 LEAP 项目要求的关键领导能力；开展项目和服务的有效投资回报率（ROI）。一些小组能够通过花在旧流程上的人－时数与使用新的、更有效的方法所需的人－时数的比较，来证明人力的节约情况。在帮助高管聚焦正确的问题方面，小组还成功地对高管最初的问题描述进行了重构。

以下示例说明了其中的一些变化。

对于职业发展改进项目的发起人来说，最初的问题描述变为：目标是创建一个面向所有级别的专业和领导力开发培训项目，重点是总经理和高级管理者人群。使用行动学习流程之后，问题的描述变为：该机构如何培养一种动态的文化，使员工的招聘、发展、留用和晋升符合其公正、正直和重视服务的价值观？

发起人提出的旨在改进招聘流程的原始问题描述变为：招聘流程对于经理来说既有挑战性又耗时，所以，机构计划创建一个用于招聘的自动化管理工具包，以即时的方式提供既有价值又方便的指导，并且能够轻松访问所需的信息。使用行动学习流程进行探询后，问题的描述变为：招聘经理和人力资源员工之间缺乏沟通，导致不太满意的候选人被列入了认证名单。

2016—2017 年 LEAP 项目的行动学习问题

- 如何集中采购流程？
- 如何授权经理访问人力资源系统以更有效地雇用员工？
- 如何在预算有限的情况下开展各层级职业发展项目？
- 如何整合强制性培训课程，提高培训效率？
- 如何开展一个项目，为管理层中代表人数不足的群体提供指导？
- 如何为政府部门建立企业级的风险管理项目？
- 如何加强各办事处之间在执行调查程序方面的协作？

LEAP 的行动学习项目也成功地展示了在政府部门取得成功所需要的关键领导能力的发展。

正如一位成员在反思团队经验时所说的：

团队极大地拓展了我们的专业网络，在行动学习项目中，我们有机会与高层领导和其他专业人员合作，提升了我们的人际交往技能……作为 LEAP 项目候选人，我们都参与了多渠道的评估，包括 MBTI、情商和人际交往能力的 360 度评估，我们与行动学习教练及其他人一起制订学习计划，解决发现的问题，并在行动学习会议中练习如何提升这些技能。

关键学习成果和后续行动

ROI 测量有助于小组确定行动学习解决方案对于高层发起人的价值，这些价值可能是实施有效程序所带来的时间节约，也可能是通过提供机构内部咨询专家来解决紧迫且复杂问题所实现的收益。利用 LEAP 毕业生作为行动学习教练，在支持小组采用新的学习方法和解决问题方面也产生了积极的影响。LEAP 的毕业生曾经利用行动学习成功地完成了项目的要求，这本身就具有一定的公信力，而且他们还经常充当"反馈器"的角色，让最初还犹豫不决的 LEAP 项目候选人敢于尝试一些"不同"的事情。

对于下一个使用行动学习的项目，我们还会向课程参与者提供行动学习流程、在高管发起人的项目持续期间如何将行动学习流程纳入每次小组会议之中的书面指导。我们会邀请对小组成果印象特别深刻的高层发起人作为代表，向其他高层同僚介绍项目，扩大行动学习的使用范围，把这种方法作为政府部门解决关键问题和开发领导力的工具。

释放威力

行动学习已经迅速成为世界各地的组织所使用的最流行、最强大的工具之一。它能够以最小的成本、在相对较短的时间内，解决问题，取得促进个人、团队、组织发展的巨大收益，正是这种能力，使得它具有很好的成本效益，能够协助企业走向成功。对你的组织来说，行动学习真的是一座丰富的宝藏！

Optimizing the Power of Action Learning: Real-Time Strategies for Developing Leaders, Building Teams and Transforming Organizations, 3e

By Michael J. Marquardt, Shannon Banks, Peter Cauwelier, Choon Seng Ng

Copyright © Michael J. Marquardt 2011, 2018

The work was first published in 2018 in the English language by Nicholas Brealey Publishing, an imprint of John Murray Press

Simplified Chinese version © 2021 by China Renmin University Press.
All Rights Reserved.

图书在版编目（CIP）数据

行动学习实务操作：领导力提升、团队建设和组织变革的有效策略：第 3 版 /（　）迈克尔·马奎特等著；郝君帅，王冰，曹慧青译. -- 北京：中国人民大学出版社，2022.1

ISBN 978-7-300-29720-0

Ⅰ. ①行… Ⅱ. ①迈… ②郝… ③王… ④曹… Ⅲ. ①企业管理－组织管理学－ Ⅳ. ① F272.9

中国版本图书馆 CIP 数据核字（2021）第 166193 号

行动学习实务操作（第 3 版）
——领导力提升、团队建设和组织变革的有效策略
迈克尔·马奎特
香农·班克斯　著
彼得·考威尔
黄俊星
郝君帅　王　冰　曹慧青　译
Xingdong Xuexi Shiwu Caozuo

出版发行	中国人民大学出版社			
社　　址	北京中关村大街 31 号	邮政编码	100080	
电　　话	010-62511242（总编室）	010-62511770（质管部）		
	010-82501766（邮购部）	010-62514148（门市部）		
	010-62515195（发行公司）	010-62515275（盗版举报）		
网　　址	http://www.crup.com.cn			
经　　销	新华书店			
印　　刷	北京联兴盛业印刷股份有限公司			
规　　格	160 mm×230 mm　16 开本	版　次	2022 年 1 月第 1 版	
印　　张	18.75　插页 2	印　次	2022 年 1 月第 1 次印刷	
字　　数	225 000	定　价	88.00 元	

版权所有　侵权必究　印装差错　负责调换